甘肃省高水平专业群（智慧财经专业群）建设计划项目系列教材

校企合作新形态教材

21世纪经济管理新形态教材·工商管理系列

U0645549

智能估值

主　编 ◎ 何科鹏

副主编 ◎ 董　蓉　何舒婷　胡　滨　侯天亮

清华大学出版社

北　京

内 容 简 介

　　智能估值是融合互联网、大数据、云计算、物联网、人工智能等现代科技手段赋能企业及资产的现时价值，适用于产业升级和创新创业现实需求的现代化价值计量行为，主要面向资产管理、市场调研、投资分析、评估、房地产经纪、房地产营销等工作岗位群。智能估值通过价值评价等专业服务，有效衔接不同层面的价值创造活动，以其"价值发现、价值判断、价值估计"的内涵，成为连接财经各领域的纽带。

　　本书可作为高等职业院校会计金融类专业的教学用书，也可作为相关企业的岗位培训和自学用书。

图书在版编目（CIP）数据

智能估值／何科鹏主编． -- 北京：清华大学出版社，2025.8.
（21世纪经济管理新形态教材）． -- ISBN 978-7-302-70207-8

Ⅰ．F20

中国国家版本馆 CIP 数据核字第 2025FD1980 号

责任编辑： 徐永杰
封面设计： 汉风唐韵
责任校对： 宋玉莲
责任印制： 沈　露

出版发行： 清华大学出版社
　　　　　网　　　址：https://www.tup.com.cn，https://www.wqxuetang.com
　　　　　地　　　址：北京清华大学学研大厦 A 座　　　邮　编：100084
　　　　　社 总 机：010-83470000　　　　　　　　　　邮　购：010-62786544
　　　　　投稿与读者服务：010-62776969，c-service@tup.tsinghua.edu.cn
　　　　　质量反馈：010-62772015，zhiliang@tup.tsinghua.edu.cn
印 装 者： 大厂回族自治县彩虹印刷有限公司
经　　销： 全国新华书店
开　　本： 185 mm×260 mm　　　**印　张：** 12.25　　**字　数：** 220 千字
版　　次： 2025 年 8 月第 1 版　　　**印　次：** 2025 年 8 月第 1 次印刷
定　　价： 46.00 元

产品编号：104008-01

前言

　　"智能估值"课程，主要面向智能估值数据采集与应用岗位群，要求具备工作岗位群所需的相关知识基础和能力素质，能在财务资产减值、清产核资、会计现值计量、抵质押融资、资产收购与处置、资本运营、风险管理、信息披露等企业估值应用场景中，利用智能估值数据采集与应用平台，完成企业估值所需数据的核验、补充和完善，形成资产勘查结论，按照估值应用场景的要求对数据进行分析。该课程是高职院校大数据与会计、金融服务与管理、财富管理等专业的主修课程。本书以智能估值的基本理论为基础，涵盖企业基础数据核验与分析、企业流动资产核验与分析、企业设备资产核验与分析、企业房地产数据核验与分析、企业无形资产数据核验与分析、估值数据在企业价值确认中的应用规范、企业财务管理和资产管理数据估值、金融实务应用数据估值、应用资产处置和交易中的估值数据、应用资本市场中的估值数据等 10 个项目。

　　本书采用校企合作开发模式，是产教融合的成果，为完成本书的编写，编者组建了中联集团教育和甘肃财贸职业学院"双师型"教师共同参与的教材开发团队。通过对企业典型工作任务的分析、归纳，编者力求开发出符合企业智能估值工作实际的项目导向、任务驱动、工学结合、学做一体、专创融合的教材。本书的主要特点如下。

　　(1) 项目化编写体系，教、学、做一体。本书以企业数据分析问题为课程导入点，将课程内容分解为十大工作项目，每个项目分解为若干个工作学习任务。教学内容即工作任务，教学过程即工作过程，任务评价即工作评价。

　　(2) 结构安排新颖。"项目导语"是本书教学活动的起点，也是总工作项目。本书以祺祥新能源汽车有限公司（以下简称"祺祥公司"）数据作为切入点设计全书内容，由知识准备、学习目标、业务要领、任务实施、项目训练等模块组成。"知识准备"是对完成工作任务所应掌握知识和技能的详细介绍。"学习目标"说明本工作任务的主要内容及完成该工作任务所掌握知识的要求。"业务要领"是对本工作任务所学内容的说明与概括，也是对完成该工作任务所应具备知识的提炼。"任务实施"是根据已经掌握的知识点依托中联摩估云平台进行具体操作。"项目训练"是对学生职业岗位胜任能力或岗位技能的综合评估。

（3）信息化教学资源丰富。本书具有较为完善的教学资源，可以满足教师信息化教学的需要，同时也可以满足全日制学生和社会学习者的学习需要。

本书由甘肃财贸职业学院何科鹏、董蓉、何舒婷、胡滨、侯天亮编写，编写过程中得到了中联集团教育相关工作人员的大力支持，在此表示感谢。同时，本书的编写借鉴、参考了大量有关学者和专家公开发表的资料与出版的书籍，在此一并表示衷心感谢。由于时间仓促、编者水平有限，加上智能估值课程在高职院校中刚开设，无论是课程建设还是教材编写，都有很多不足，恳请同行和读者提出宝贵意见，以便不断完善。

编　者

2025 年 3 月

目 录

项目1 企业基础数据核验与分析

项目导语

目前，我国部分消费者开始转向购买新能源汽车，带动新能源汽车零配件产业扩大发展。祺祥公司是一家新能源汽车零配件制造大中型企业，董事会于2020年初作出战略规划，公司战略规划部拟对公司的综合数据、经营数据和财务数据等数据资料进行核验与分析，为后续公司在科创板上市估值做准备。

项目思维导图

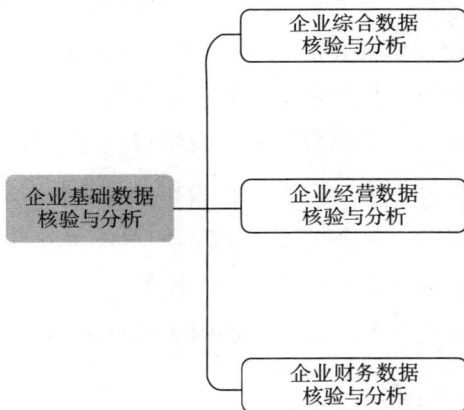

```
                                    ┌─────────────────┐
                                    │  企业综合数据     │
                                    │  核验与分析       │
                                    └─────────────────┘

┌─────────────┐                     ┌─────────────────┐
│ 企业基础数据  │                     │  企业经营数据     │
│ 核验与分析   │─────────────────────│  核验与分析       │
└─────────────┘                     └─────────────────┘

                                    ┌─────────────────┐
                                    │  企业财务数据     │
                                    │  核验与分析       │
                                    └─────────────────┘
```

知识准备

一、核验分析企业综合数据

企业综合数据资料核验，是对采集的企业基本证照、资产权属资料与企业抵押、质押、法律纠纷等文件、企业股权结构与出资协议和公司成立文件等资料的真实性、准确性及完整性进行核查验证工作。

企业综合数据资料分析，是指通过对采集的企业基本证照、资产权属资料与企业抵押、质押、法律纠纷等文件、企业股权结构与出资协议和公司成立文件等资料进行核验后，对企业是否存在基本证照缺陷、企业产权瑕疵、未决诉讼及仲裁事项、抵押质押情况等特别事项进行分析判断，编制企业特别事项说明分析表。

二、核验分析企业经营数据

企业经营数据资料核验，是对企业采集的经营模式、产品类型、销售情况、税收政策、技术优劣势、经营数据等资料的真实性、准确性和完整性进行核验。

企业经营数据资料分析，是指对企业采集的经营模式、产品类型、销售情况、税收政策、技术优劣势、经营数据等资料进行核验后，与企业所属行业同期经营情况相关数据进行对比分析，并向企业管理层进行访谈，编制企业经营情况对比分析表。

三、核验分析企业财务数据

企业财务数据资料核验，是对不同渠道取得的资产负债表、利润表、现金流量表、所有者权益变动情况表、会计报表附注、审计报告等财务数据资料的"真实性、准确性和完整性"进行核查验证。

企业财务数据资料分析，是对收集企业评估基准日前三年的资产负债表、利润表、现金流量表、所有者权益变动情况表、会计报表附注和审计报告等财务数据资料进行核验后，采用结构分析法、趋势分析法和财务指标分析法计算企业财务基本指标，并与行业同期财务指标均值进行比较，判断评价企业盈利能力、运营能力、偿债能力、成长能力，完成企业财务情况分析任务。

企业财务数据分析包括财务报表分析和财务指标分析两大类，通常可以采用以下几种方法。

（1）比较分析法。比较分析法主要比较分析企业财务数据之间的数量关系与数量差异，为企业财务评价提供依据。这种比较可以是将实际与计划相比，可以是本期与上期相比，也可以是与同行业的其他企业相比。

（2）趋势分析法。趋势分析法揭示企业财务状况、经营成果和现金流量的变化及其原因、性质，帮助企业合理预测未来财务情况。一般用于趋势分析法的财务数据，既可以使用绝对值，也可以使用比率或百分比数据。

（3）因素分析法。因素分析法主要分析企业财务数据的相关因素对某一财务指标的影响程度，细分为单因素分析法和多因素差异分析法。

（4）财务指标分析法。财务指标分析法通过对反映企业盈利能力、发展能力、偿债能力、资产管理能力和运营能力等多项财务指标计算分析，帮助了解企业的财务状况、经营成果和现金流量的现状，与同行业同期财务指标进行对比，评价企业在同行业中的财务地位，在计算财务指标时，也要借助比较分析法和趋势分析法完成。

任务 1-1 企业综合数据核验与分析

学习目标

1. 会使用摩估云平台并对企业基本证照（营业执照、资质证书、经营许可证）等进行查验。

2. 会使用摩估云平台并对企业提供的资产权属资料与企业抵押、质押、法律纠纷等文件进行相互查验。

3. 会使用摩估云平台并对企业股权结构与出资协议、公司成立文件等资料进行相互查验。

4. 会使用摩估云平台并对企业的资产权属、未决事项等资料进行分析。

情境导入

祺祥公司为了实现引进战略投资和扩大公司经营的战略目标，需要履行企业综合数据核验与程序分析。公司战略规划部决定对企业综合数据资料的真实性、准确性和完整性进行核验与分析，要求资产核验人员会使用摩估云平台并按要求对企业基本证照（营业执照、资质证书、经营许可证）、抵押合同、质押合同、法律纠纷文件、企业股权结构、公司章程和公司成立文件等综合数据资料进行核验，在分析判断核查验证对象的真实性、准确性和完整性时，通常需要针对该核查验证对象特点采取线上查询和线下复核相结合的核查验证方式，完成企业综合数据核验与分析工作，为企业合法经营与估值中特别事项说明提供依据。

任务布置

根据任务目标，祺祥公司资产核验人员针对该核查验证对象特点采取线上查询和线下复核相结合的方式，完成公司综合数据核验与分析任务，企业综合数据核验与分析任务清单见表1-1。

表 1-1 企业综合数据核验与分析任务清单

编号	任务名称
1	填写企业基本证照核验记录表
2	填写企业产权抵押、质押核验记录表
3	编制企业管理层访谈记录表
4	编制企业特别事项说明分析表
5	填写企业综合数据核验与分析程序表

业务要领

一、企业综合数据核验

（1）企业基本证照核验。资产核验人员采用线下复核方式核查验证企业基本证照（营业执照、资质证书和经营许可证等）的真实性、准确性和完整性，应当分析这些复印件来源的可靠性，并通过核对原件等方式对复印件的准确性和完整性进行核查，同时要求提供方在复印件上盖章。资产核验人员采用线上查询方式核查验证企业基本证照（营业执照、资质证书和经营许可证等），应当查询公告、网页或者其他载体相关信息，通过对不同来源的信息进行对比、分析形成结论，并就查询的信息内容、时间、网址、载体等有关事项形成查询记录。

（2）企业抵押、质押法律纠纷文件核验。资产核验人员采用线下复核方式核查验证企业抵押、质押、法律纠纷等企业产权瑕疵文件的真实性、准确性和完整性，应当结合企业提供的资产权属资料与企业抵押、质押、法律纠纷等文件进行相互查验。

（3）企业股权结构与出资协议、成立文件等资料核验。资产核验人员向企业管理层采用访谈方式核查验证企业股权结构与出资协议、成立文件等资料的真实性、准确性和完整性，应当形成访谈记录，并要求访谈人和被访谈人对访谈记录采用签字或者盖章等方式予以确认。如果被访谈人拒绝签字或者拒绝以其他方式予以确认，资产核验人员应当在书面记录中注明。

二、企业综合数据分析

资产核验人员实施企业综合数据分析程序，发现企业综合数据存在法律风险，通过对企业管理层进行现场访谈方式，分析、整理并编制企业资产基本情况、产权瑕疵、未决事项、抵押质押担保等特别事项分析表。

任务实施

一、业务流程

企业综合数据核验与分析业务流程如图 1-1 所示。

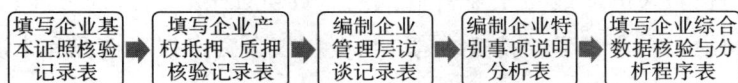

填写企业基本证照核验记录表 → 填写企业产权抵押、质押核验记录表 → 编制企业管理层访谈记录表 → 编制企业特别事项说明分析表 → 填写企业综合数据核验与分析程序表

图 1-1 企业综合数据核验与分析业务流程

二、业务操作

（一）填写企业基本证照核验记录表

资产核验人员采用线上和线下相结合的方式，认真核对企业基本证照（营业执照、资质证书和经营许可证等）的原件与盖章复印件，对不同来源的信息进行对比、分析后，对其"真实性、准确性和完整性"得出结论，并对查询的信息内容、时间、网址、载体等事项形成查询记录。

（二）填写企业产权抵押、质押核验记录表

资产核验人员采用线下复核方式，对企业提供的资产权属资料与企业抵押、质押、法律纠纷等文件进行相互查验，判断这些文件的真实性、准确性和完整性；同时记录复核过程、采取的措施、复核依据和复核结果，并且由文件提供人员进行签字确认。如发现企业产权瑕疵问题，分析问题产生原因及其对企业资产估值结果影响程度。

（三）编制企业管理层访谈记录表

企业资产核验人员通过对企业管理层进行实地访谈，结合企业提供的企业章程、股权结构、出资协议和公司成立文件原件与复印件，采用线下复核方式对这些资料进行相互验证，编制企业管理层访谈记录表，并要求访谈对象对访谈记录采用签字或者盖章等方式予以确认。如果被访谈对象拒绝签字或者拒绝以其他方式予以确认，资产核验人员应当在企业管理层访谈记录表中记录。

（四）编制企业特别事项说明分析表

企业资产核验人员通过对企业管理层进行实地访谈，结合企业提供的审计报告、资产评估申报明细表、资产权属承诺书、产品类型和内部控制制度等资料原件与复印件，采用线下复核方式对这些资料进行相互验证，编制企业特别事项说明分析表，并要求访谈对象对访谈记录采用签字或者盖章等方式予以确认。如果被访谈对象拒绝签字或者拒绝以其他方式予以确认，资产核验人员应当在企业特别事项说明分析表中记录。

（五）填写企业综合数据核验与分析程序表

企业资产核验人员通过对企业营业执照、资质证书、经营许可证、企业抵押、质押、法律纠纷、企业章程、股权结构、出资协议、资产权属情况和未决事项进行查证核实，完成企业综合数据核查与分析工作，填写企业综合数据核验与分析程序表。

任务评价

企业综合数据核验与分析评价见表1-2。

表1-2　企业综合数据核验与分析评价

评价对象：

编号	任务名称	分值	正确率/%	得分
1	填写企业基本证照核验记录表	25		
2	填写企业产权抵押、质押核验记录表	20		
3	编制企业管理层访谈记录表	25		
4	编制企业特别事项说明分析表	20		
5	填写企业综合数据核验与分析程序表	10		
	合计	100		

任务1-2　企业经营数据核验与分析

学习目标

1. 会按要求使用摩估云平台对企业的经营模式数据进行核验，并通过访谈对相关数据进行修改和补充。

2. 会按要求使用摩估云平台对企业产品类型、产品销售情况进行核验，并通过访谈对相关数据进行修改和补充。

3. 会按要求使用摩估云平台对企业税收政策进行核验，并通过访谈对相关数据进行修改和补充。

4. 会按要求使用摩估云平台对企业技术数据进行核验，并通过访谈对相关数据进行修改和补充。

5. 会按要求使用摩估云平台对企业经营数据进行分析。

情境导入

祺祥公司为了实现引进战略投资者和扩大公司经营的战略目标，需要履行企业经营数据核验与分析程序。公司战略规划部决定对企业经营数据资料的真实性、准确性和完整性进行核验与分析，要求资产核验人员会使用摩估云平台并按要求对企业经营模式、产品类型、产品销售情况、税收政策、技术优势、经营情况数据资料进行核验，在分析判断核查验证对象的真实性、准确性和完整性时，通常需要针对该核查验证对象特点采取查询和访谈相结合的核查验证实施方式，完成企业经营数据核验与分析工作，为企业智能估值数据应用提供依据。

任务布置

根据任务背景，祺祥公司资产核验人员需要执行企业经营数据核验与分析程序，完成公司经营数据核验与分析任务，企业经营数据核验与分析任务清单见表1-3。

表1-3　企业经营数据核验与分析任务清单

编号	任务名称
1	填写企业经营模式核验记录表
2	填写企业产品类型与产品销售情况核验记录表
3	编制企业税收政策核验记录表
4	编制企业技术数据核验分析表
5	编制企业经营情况分析表
6	编制企业外部环境分析评估表
7	编制企业经营数据核验与分析程序表

业务要领

一、企业经营数据资料核验内容

企业经营数据资料核验内容包括：企业财务部门提供的已经审计的财务报表及其附注中有关企业经营数据和未经审计经营资料、会计凭证及会计账簿等中有关企业经营情况与税收政策资料；企业业务部门提供企业所面临的经济环境、行业环境、经营模式、产品销售情况等经营环境资料；生产技术部门提供的企业产品类型、技术优劣势、研发力量、技术专利等情况。

二、企业经营数据资料核验方法

采用书面审查方式对收集已经审计的财务报表及其附注中企业经营数据进行核查时，应当了解出具审计报告的会计师事务所的执业资质和独立性。采用访谈方式对收集未经审计的经营资料进行核查时，应当对经营数据变动趋势、经营指标构成比例进行分析，对企业财务报表各项经营数据与企业收入成本费用账簿记录进行核对。采用复核方式对收集宏观经济资料、区域经济资料、行业现状和发展前景资料进行核验，应当访问政府部门、行业协会、其他媒体等官网进行比对。

三、企业经营数据分析方法

企业经营数据分析方法包括对比分析法、因素分析法和综合评价法等。它是从企业所面临宏观经济环境、行业经济环境和经营情况出发，通过对企业管理层进行访谈，围绕企业经营核心指标资产报酬率，计算企业净利润率和资产周转率两个财务指标，与同行业比较，解释企业本身所处发展阶段以及在行业中的地位，分析影响企业经营情况的各种因素，判断企业经营和投资价值，揭示企业经营风险和投资风险，为企业董事会制定战略规划提供依据。

任务实施

一、业务流程

企业经营数据核验与分析业务流程如图 1 - 2 所示。

图 1 - 2　企业经营数据核验与分析业务流程

二、业务操作

（一）填写企业经营模式核验记录表

企业经营模式是根据其经营宗旨，为实现企业所确定的价值定位所采取某一种方式方法的总称。因企业所处产业链中的不同位置，其实现价值方式也不同。根据企业对产业链位置的不同选择，企业主要经营模式包括销售型、生产型、设计型、销售 + 设计型、生产 + 销售型、设计 + 生产型、设计 + 生产 + 销售型和信息服务型。

（二）填写企业产品类型与产品销售情况核验记录表

企业资产核验人员采用复核方式对企业产品生产许可证、产品销售情况等数据资料与资产评估明细表中的企业主营业务收入、主营业务成本和存货中产成品与库存商品等科目数据比对。同时，通过访谈企业管理层，查验企业提供的产品类型、产品销售情况等数据资料的真实性、准确性和完整性。

（三）编制企业税收政策核验记录表

企业资产核验人员采用书面核验方式，查阅收集企业会计政策等资料，并与企业提供资产负债表、利润表、现金流量表和资产评估明细表中递延所得税资产、递延所得税负债、应交税费、税金及附件和所得税项目进行比对；同时，对企业管理层进行税收政策访谈，查验核对企业税收政策资料的真实性、准确性和完整性。

（四）编制企业技术数据核验分析表

企业资产核验人员通过对企业管理层进行实地访谈，结合企业提供的宏观经济环境、行业竞争对手等技术资料原件与复印件，采用复核方式对这些资料进行相互验证，编制企业技术数据核验分析表，并要求访谈对象对访谈记录采用签字或者盖章等方式予以确认。如果被访谈对象拒绝签字或者拒绝以其他方式予以确认，资产核验人员应当在企业技术数据核验分析表中记录。

（五）编制企业经营情况分析表

企业资产核验人员根据企业提供的资产负债表和利润表，计算资产报酬率、净利润率和资产周转率，与同行业标准值比较，分析企业的经营情况，编制企业经营情况分析表，进一步判断企业经营和投资价值，揭示企业经营风险和投资风险，为企业董事会制定战略规划提供依据。

（六）编制企业外部环境分析评估表

资产核验人员在进行访谈后，按下列顺序对企业外部环境作出判断。

（1）了解企业竞争对手经营状况。

（2）履行企业外部环境分析程序。

（3）分析企业所面临的宏观经济环境。

（4）分析企业行业经济环境。

（5）分析企业法律监管环境。

（6）编制企业外部环境分析评估表，判断评估企业所面临的外部风险和市场竞争地位。

影响企业经营的外部因素包括政治、法律、经济、社会文化和技术等。这些外部因素不仅影响个别企业的生产经营，同时也对产业竞争结构的变化产生重要影响，有时甚至会给整个产业的生存与发展带来威胁。

（七）编制企业经营数据核验与分析程序表

对企业经营模式、产品类型、产品销售情况、企业税收政策和技术数据资料核验后，通过向企业管理层访谈，了解企业所面临的宏观经济环境、行业经济环境和经营情况，完成企业经营数据核验与分析工作，编制企业经营数据核验与分析程序表。

任务评价

企业经营数据核验与分析评价见表1-4。

表1-4　企业经营数据核验与分析评价

评价对象：

编号	任务名称	分值	正确率/%	得分
1	填写企业经营模式核验记录表	15		
2	填写企业产品类型与产品销售情况核验记录表	20		
3	编制企业税收政策核验记录表	15		
4	编制企业技术数据核验分析表	20		
5	编制企业经营情况分析表	10		
6	编制企业外部环境分析评估表	10		
7	编制企业经营数据核验与分析程序表	10		
	合计	100		

任务1-3　企业财务数据核验与分析

学习目标

1. 会按要求使用摩估云平台对企业的资产负债表、利润表和现金流量表进行核验，并通过访谈对相关数据进行修改和补充。

2. 会按要求使用摩估云平台对从企业财务软件导出的财务数据进行验证和修改。

3. 能按照估值数据应用场景的要求对企业财务报表进行调整。

4. 会按照估值数据应用场景的要求对企业财务数据进行分析。

情境导入

祺祥公司为了实现引进战略投资者和扩大公司经营的战略目标，需要履行企业财务数据核验与分析程序。公司战略规划部决定对企业财务数据资料的真实性、准确性和完整性进行核验与分析，要求资产核验人员会使用摩估云平台并按要求对企业资产负债表、利润表和现金流量表等财务数据资料进行核验，在分析判断核查验证企业财务数据资料的真实性、准确性和完整性时，对企业提供的基准日及前三年已审的资产负债表、利润表、现金流量表、审计报告等资料与财务系统导出财务数据进行对比分析，并通过访谈方式对资产评估明细表数据进行修改和补充，计算企业财务指标，分析并整理企业财务情况，完成企业财务数据核验与分析工作，为企业智能估值数据应用提供依据。

任务布置

根据任务背景，祺祥公司资产核验人员需要执行企业财务数据核验与分析程序，完成公司财务数据核验与分析任务，企业财务数据核验与分析任务清单见表1-5。

表1-5 企业财务数据核验与分析任务清单

编号	任务名称
1	填写企业财务情况访谈记录表
2	填写企业财务数据核验记录表
3	编制企业评估基准日前三年财务数据核验分析表
4	编制企业评估基准日财务情况分析表
5	编制企业财务数据核验与分析程序表

业务要领

一、企业财务数据资料核验内容

企业财务数据资料核验内容包括企业财务部门提供的评估基准日前三年已经审计的资产负债表、利润表、现金流量表、所有者权益变动表及其附注和审计报告。如果企业尚未进行审计，则要将尚未审计的企业会计凭证、会计账簿、财务报告、内部控制制度和会计政策等数据资料纳入企业财务数据资料核验内容。

二、企业财务数据资料核验方法

（1）对具有执业资质的会计师事务所出具审计报告的财务报表及其附注进行核

查，采用书面审查方式。

（2）对企业未经审计的财务数据资料进行核查，采用访谈方式。同时对企业评估基准日前三年财务数据变动趋势、财务指标构成比例进行分析，将企业财务报表各项财务数据与企业会计凭证、会计账簿记录进行核对。

（3）根据重要性原则采用抽样方法查阅相关会计凭证，结合对企业管理层访谈和企业财务部门的调查结论或者其他文件、证明与资料的核查验证结论，核验企业财务数据的一致性。

（4）资产核验人员对于来自证券市场、产权交易市场等的财务资料进行核查验证，可以考虑的做法包括以下两种。

①对于直接从上市公司年报获取的财务数据资料，由于该数据资料已经注册会计师审计，资产核验人员在进行必要分析调整后可以直接采用。

②对于来自不同资讯网站的财务数据，资产核验人员可以结合网站的知名度和权威性综合判断获取的财务数据的可靠性。对于从浏览量较少的网站获取的数据，必要时获取两个以上途径的有效数据，从而相互验证其可靠性。

任务实施

一、业务流程

企业财务数据核验与分析业务流程如图 1 – 3 所示。

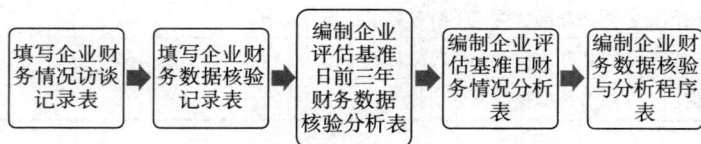

图 1 – 3　企业财务数据核验与分析业务流程

二、业务操作

（一）填写企业财务情况访谈记录表

企业资产核验人员对企业财务部管理人员采取现场访谈方式，核查验证企业财务管理体制及运行机制、企业会计政策、内部控制制度、税收优惠政策、财务报告和审计报告等财务资料的真实性、准确性与完整性，完成企业财务情况访谈记录表的填写。

（二）填写企业财务数据核验记录表

企业资产核验人员采用复核方式对企业财务数据资料进行核查验证，使用摩估云平台从企业财务软件中导出企业财务数据资料后，与企业资产负债表、利润表等财务报表原件和复印件中相关数据进行比对，确保企业财务数据资料真实、准确和完整。在财务数据核验工作中，发现财务数据有不一致的情况，要查明原因，并记录在财务数据核验记录表中，必要时修改和调整资产评估明细表中相关财务数据，完成企业财务数据核验任务。

（三）编制企业评估基准日前三年财务数据核验分析表

企业资产核验人员查阅企业评估基准日前三年资产负债表、利润表、现金流量表、审计报告等数据资料，如发现财务数据错误，则必须对企业财务数据中的错误数据进行修改和调整。同时，采用结构分析法和趋势分析法分析企业评估基准日前三年财务状况、经营成果和现金流量，完成企业评估基准日前三年财务数据核验分析表的编制。

（四）编制企业评估基准日财务情况分析表

企业资产核验人员核验企业财务资料后，利用企业评估基准日财务数据，采用财务指标分析法计算企业主要财务指标，并与行业同期相同指标均值进行比较，分析企业盈利能力、运营能力、偿债能力和成长能力，编制企业评估基准日财务情况分析表。

（五）编制企业财务数据核验与分析程序表

企业资产核验人员通过对企业资产负债表、利润表、现金流量表、所有者权益变动表、报表附注和审计报告等数据资料进行查证核实，对企业评估基准日前三年财务数据和企业评估基准日财务情况进行结构分析、趋势分析和指标分析，完成企业财务数据核验与分析工作，编制企业财务数据核验与分析程序表。

任务评价

企业财务数据核验与分析评价见表1-6。

表1-6 企业财务数据核验与分析评价

评价对象：

编号	任务名称	分值	正确率/%	得分
1	填写企业财务情况访谈记录表	20		
2	填写企业财务数据核验记录表	20		

续表

编号	任务名称	分值	正确率/%	得分
3	编制企业评估基准日前三年财务数据核验分析表	30		
4	编制企业评估基准日财务情况分析表	20		
5	编制企业财务数据核验与分析程序表	10		
	合计	100		

项目小结

本项目主要包括企业综合数据核验与分析、企业经营数据核验与分析、企业财务数据核验与分析三个任务，各任务主要介绍了企业基础数据核验与分析的基础知识、基本方法和具体的操作流程等相关知识。

项目训练

【任务背景】

祺祥公司拟了解公司价值，公司董事会决定对祺祥公司财务资料进行整理，继续为以后公司的其他重大决策提供支持。资产管理部李天（数据采集员）已对祺祥公司的财务资料进行了数据采集，并向平台上传了电子档案。你（数据核查岗）需要对李天上传的电子档案进行复核。该步骤的目的在于鉴别资料的有效性与合理性，为其他部分的估值计算和估值分析铺垫。

【业务资料】

通过对资料的比对，查验企业提供的财务数据。除此以外，其他程序尚未执行。

【任务要求】

进入摩估云平台，在祺祥公司项目的任务管理页面中，找到已创建的企业综合数据核查任务，找到财务数据核查 Sheet 页，根据任务背景、业务资料、其他企业财务数据的实训任务完成财务数据核查程序表的填写。

项目2　企业流动资产核验与分析

项目导语

　　企业流动资产核验与分析是确保企业财务稳健的关键环节。本项目通过对企业流动资产数据的全面核验，旨在保障流动资产权属文件、财务报表、会计凭证以及价格信息等数据资料的真实性、准确性和完整性，以满足国家法律法规和政策文件关于企业财务报告的要求。通过对流动资产评估方法、评估模型、评估参数和评估结果的深入分析，本项目将为企业提供一套实用的流动资产管理工具，帮助企业全面了解自身流动资产状况，发现潜在的风险和机遇，为企业的战略决策提供有力支持，促进企业财务管理的规范化和高质量发展。

项目思维导图

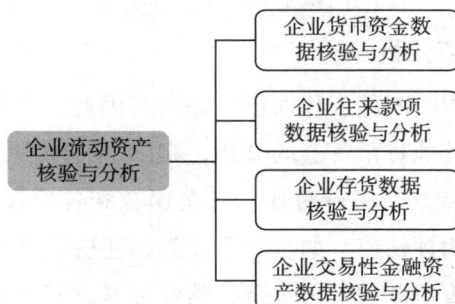

企业流动资产核验与分析
- 企业货币资金数据核验与分析
- 企业往来款项数据核验与分析
- 企业存货数据核验与分析
- 企业交易性金融资产数据核验与分析

知识准备

一、企业货币资金数据核验与分析

（一）书面审查

　　企业货币资金数据核验是指企业资产核验人员依据国家颁布实施的法律法规和企业内部管理要求对公司货币资金有关文件、证明与资料的真实性、准确性、完整性进行核验。企业货币资金包括库存现金、银行存款和其他货币资金。常用的核验方法有盘点、函证、抽查、访谈等。

（1）盘点。其指对现金、零用金、找换金等进行的盘点。

盘点现金时，应注意以下问题：①资产核验人员监盘时，必须要求现金出纳人员始终在场。②对于盘点中发现的充抵库存现金的借条、未做报销的收据和发票，要在"库存现金盘点表"中加以说明。③盘点完毕，现金退回出纳人员时，应取得出纳人员签字的收条或由出纳人员、财务负责人在盘点表上注明已收回盘点的现金。④对于存放在不同地点的库存现金，应将全部现金打上封条，并同时盘点，以避免企业将已盘点的现金转移为未盘点现金。

（2）函证。其指以电子形式函证等方式发出和收回。信件回执、查询信函底稿和对方回函等资料应当由经办的资产评估专业人员签字。被询证人以传真、电子邮件等方式回函的，可以要求被询证人寄回询证函原件。被询证人未签署回执、未予签收或者在函证规定的期限内未回复的，由经办的资产评估专业人员对相关情况作出书面说明。

（3）抽查。银行存款未达账款凭证抽查是对于日期、双方账户、金额、银行业务章等进行查看。

（4）访谈。其指一对一的访问、交谈，通过访谈方式能够发现相关记录未记录的问题，提高评估效率，降低评估执业风险。

（二）货币资金估值分析

由于货币资产不会因时间的变化而产生差异，因此，企业资产核验人员对库存现金和各种银行存款及其他货币资金的分析，实际上是对现金和各项存款的清查确认。首先，通过清查盘点及与银行对账，核实现金和各项存款的实有数额。然后，以核实后的实有数额作为评估值。如有外币存款，还应按当时的国家外汇牌价折算成人民币值。对现场调查获取的货币资金评估业务基础资料进行必要的分析、归纳和整理，形成评定估算的依据，在检查被评估资产不重不漏的前提下，进行相关增减值分析，判断评估结论的合理性，最终确定评估结论。

二、企业往来款项数据核验与分析

（一）企业往来款项数据核验

企业往来款项数据核验是指企业资产核验人员依据国家颁布实施的法律法规和企业内部管理要求对公司往来款项有关文件、证明和资料的真实性、准确性、完整性进行核查与验证。这些数据资料包括应收账款、应收票据、其他应收款、预付账款等。常用的核验方法有书面审查、函证等。

（1）书面审查。应当分析往来款项相关书面信息来源的可靠性，并通过核对原件（包括但不限于发票、银行回单、业务合同等）等方式对书面信息的准确性和完整性进行核查，同时要求提供方在复印件上盖章。

（2）函证。收集往来账款资料时，需要注意记录无误的函证不能得出"无回收风险"的结论。欠款方承认债务的存在、认可债务账面记录，并不说明债权方能够全额收回欠款。有偿还的动机和足够的偿还能力才是全额收回欠款的真正依据。是否能收回往来账款需进一步对核对无误的账面债权可回收价值进行判断。

（二）企业往来款项估值分析

1. 企业应收账款的数据分析

企业应收账款的数据分析是指企业资产核验人员依据国家颁布的法律法规和公司资产管理要求选用不同评估方法，选取相应的估值模型和参数进行分析、计算和判断，形成应收账款测算结果，对形成的测算结果与账面价值进行分析，反映企业应收账款管理效果，为企业应收账款数据应用奠定基础。

应收账款是由于赊销商品或提供劳务而应向客户收取款项的一种短期债权，对应收账款估值的本质是对款项回收的"风险损失"和"未来回收价值现值"的判断，应是对"风险损失的预计"和"未来回收价值现值"的确定，而不是对应收账款账面价值的重新估计。对应收账款的估值应先确定应收账款的账面余额、已发生的坏账损失、预计可能发生的坏账损失，从而确定评估值，具体表达式为：应收账款评估值＝应收账款的账面余额－已发生的坏账损失－预计可能发生的坏账损失。预计可能发生坏账损失的方法主要有个别估价法和账龄分析法两种。

（1）个别估价法。个别估价法是逐一根据客户的偿债能力和信用程度来估计坏账损失额的方法。这一技术方法的优点是比较客观，缺点是手续麻烦。

（2）账龄分析法。经验表明，账龄越长，坏账损失的可能性越大。因此，可将应收账款按账龄的长短分成几组，按组估计坏账损失的可能性，进而计算出坏账损失金额。

2. 企业应收票据的数据分析

（1）按票据的本利和计算。票据价值就是票据的到期值，不带息票据为票据的面值，带息票据为票据到期的本金和利息。因此，应收票据的评估价值为票据的面值加上应计利息。

（2）按应收票据的贴现值计算。这种方法是对企业拥有的尚未到期的票据，按评估基准日，由银行可以获得的贴现值计算确定评估值。其计算公式为：应收票据

评估值 = 票据到期价值 − 贴现息，贴现息 = 票据到期价值 × 贴现率 × 贴现期。

三、企业存货数据核验与分析

（一）企业存货数据核验

企业存货数据核验是指企业资产核验人员依据国家颁布实施的法律法规和企业内部管理要求对企业存货有关文件、证明与资料的真实性、准确性、完整性进行核验。这些数据资料包括原材料、在产品、产成品、低值易耗品和包装物等。常用的核验方法为实地盘点，如果无法实施实地盘点，可以采用函证和书面复核等替代程序。

存货的实地盘点，通常通过抽查的方式来核实、验证存货账表清单与实际数量、状况的一致性和核实存货的权属。抽查的范围和比例，应根据委托方（或资产占有方）的管理水平、存货内部控制制度以及对应的经济行为确定。

对于由第三方保管或控制的存货，如果占整体资产数量和金额的比例较大，在切实可行的情况下，也应进行清查核实并获取相关资料。应向保管存货的第三方发出函证，获取存货的数量和状况信息，或执行其他替代程序，获取如出库单、运输单据等信息。

存货清查核实工作中，还应查明存货有无霉烂、变质、毁损、超储呆滞等。存货一般不会出现磨损，以及大面积的技术性、功能性贬值，但某些特殊种类的存货有时会出现损耗，这种损耗除反映为数量减少外，也反映在实体损耗和质量下降上。因此，在存货清查核实中，还应进行必要的检测和技术鉴定工作。

（二）企业存货数据分析

企业存货数据分析是指公司资产核验人员依据国家颁布的法律法规和公司资产管理要求选用不同评估方法，选取相应的估值模型和参数进行分析、计算和判断，形成存货测算结果，对形成的测算结果与账面价值进行分析，反映企业存货资产管理效果，为企业存货数据应用奠定基础。

1. 原材料数据分析

近期购进的材料库存时间短，在市场价格变化不大的情况下，其账面价值与现行市价基本接近。评估时，可以采用成本法，也可以采用市场法。

购进批次间隔时间长、价格变化大的材料，可以采用最接近市场价格的材料价格或直接以市场价格作为其评估值。

某些材料购进的时间早，市场已经脱销，评估基准日时无明确的市场价格信息可供参考或使用。评估时，可以通过寻找替代品的价格变动资料修正材料价格；也可以在分析市场供需的基础上，确定该项材料的供需关系，并以此修正材料价格；还可以通过同类产品的平均物价指数进行评估。

对呆滞材料，应在对其数量和质量进行核实与鉴定的基础上，区分不同情况进行评估。对其中失效、变质、残损、报废、无用的部分，应通过分析计算，扣除相应的贬值额，确定评估值。

2. 低值易耗品

（1）在库低值易耗品，可以根据具体情况，采用与库存材料评估相同的评估方法。

（2）在用低值易耗品，可以采用成本法，计算公式为：在用低值易耗品评估值＝全新低值易耗品重置价值×成新率。

3. 在产品

在产品可采用成本法和市场法评估。

（1）成本法。根据技术鉴定和质量检测的结果，按评估时的相关市场价格、费用水平重置同等级在产品及自制半成品所需投入合理的料工费估算评估值。这种评估方法只适用于生产周期较长的在产品的评估。

对生产周期短的在产品，主要以其发生成本作为价值估算依据，在没有变现风险的情况下，可根据其账面值进行调整。其具体方法有以下几种。

①根据价格变动系数调整成本计算评估值。这种方法只适用于生产经营正常、会计核算水平较高的企业的在产品的评估。可参照实际发生的成本，根据到评估基准日时的市场价格变动情况，调整成重置成本。其计算公式如下：

某项或某类在产品、自制半成品评估值＝原合理材料成本×（1＋价格变动系数）＋
原合理工资、费用（含借款费用）×（1＋合理工资、费用变动系数）

②按社会平均消耗定额和现行市价计算评估值。按重置同类存货的社会平均成本确定被评估资产的价值。其计算公式如下：

某在产品评估值＝在产品实有数量×（该工序单件材料工艺定额×
单位材料现行市价＋该工序单件工时定额×正常工资费用）

③按在产品的完工程度计算评估值。在计算产成品重置成本基础上，按在产品完工程度计算确定在产品评估值。其计算公式如下：

某在产品评估值＝产成品重置成本×在产品约当量

在产品约当量＝在产品数量×在产品完工率

（2）市场法。按同类在产品和半成品的市价，扣除销售过程中预计发生的相关费用后计算评估值。计算评估值的基本公式为

$$某在产品评估值 = 该种在产品实有数量 × 市场可接受的$$

$$不含税的单价 - 预计销售过程中发生的费用$$

4. 产成品及库存商品

产成品及库存商品包括已完工入库和已完工并经过质量检验但尚未办理入库手续的产成品以及商品流通企业的库存商品等。根据其变现能力和市场可接受的价格进行评估，适用的方法有成本法和市场法。

（1）成本法。评估基准日与产成品完工时间较接近（成本变化不大），可以直接按产成品账面成本确定其评估值。其计算公式为

$$产成品评估值 = 产成品数量 × 产成品账面单位成本$$

评估基准日与产成品完工时间间隔较长，产成品的成本费用变化较大时，可以采用定额成本或费用调整系数进行调整计算。

（2）市场法。应用市场法评估产成品价值，在选择市场价格时应注意考虑下列因素：库存商品的使用价值；分析市场供求关系和被评估产品的前景；所选择的价格应是在公开市场上所形成的近期交易价格等。对于产品技术水平先进但产成品外表存有不同程度的残缺，可根据其损坏程度，通过调整系数予以调整。采用市场法评估产成品时，现行市场价格中包含成本、税金和利润等因素，处理待实现的利润和税金应视产成品评估的特定目的与评估的性质而定。

四、企业交易性金融资产数据核验与分析

（一）企业交易性金融资产数据核验

企业交易性金融资产数据核验是指公司资产核验人员依据国家颁布实施的法律法规和公司内部管理要求对公司交易性金融资产有关文件、证明与资料的真实性、准确性、完整性进行核验。其主要方法包括核对和抽查（会计凭证）等。

1. 核对

其主要核对交易性金融资产凭证及凭证附件是否相符，包括股票持仓明细、股权持有卡、股票交割单、招股说明书、基金交易对账单、招募合同、基金业务确认书、企业系统账户基金资产状况截图、数据采集日基金单位净值截图、基金入账凭证、债券投资台账、债券交割单、债券分销协议、配售确认及缴款通知书、银行付款回单等。

2. 抽查（会计凭证）

抽查可以选择随机抽查的方式。在实施评估程序时，从交易性金融资产会计凭证中，根据重要程度，随机选取一定数量的样本进行抽查，以便核实其历史成本或核算入账的背景。

（二）企业交易性金融资产分析

企业交易性资产分析是指公司资产核验人员依据国家颁布实施的相关法律法规和企业内部控制要求，应当根据所采用的不同评估方法，选取相应的评估模型和参数进行分析、计算与判断，形成企业交易性金融资产测算结果，对形成的测算结果与账面价值进行对比分析，反映企业交易性资产管理效果，为企业交易性资产估值数据应用奠定基础。企业交易性金融资产分析包括债券投资估值和股票投资估值等。

1. 债券投资估值

交易性金融资产的债券投资主要是上市交易债券，上市交易债券是指可以在证券市场上交易、自由买卖的债券，对此类债券一般采用市场法进行评估，按照评估基准日的收盘价确定评估值。如果在特殊情况下，某种可上市交易的债券市场价格严重扭曲、不能代表实际价格，就应该采用其他的评估技术方法进行价值评估。运用市场法评估债券，债券价值的计算公式为

$$债券评估值 = 债券数量 \times 评估基准日债券的收盘价$$

2. 股票投资估值

交易性金融资产的股票投资主要是上市交易股票。上市交易股票是指企业公开发行、可以在证券市场上市交易的股票。对上市交易股票的价值评估，正常情况下，可以采用现行市价法，即按照评估基准日的收盘价确定被评估股票的价值。正常情况是指股票市场发育正常，股票自由交易，不存在非法炒作的现象。

运用市场法评估股票，股票价值的计算公式为

$$股票评估值 = 股票数量 \times 评估基准日股票的收盘价$$

任务 2-1　企业货币资金数据核验与分析

学习目标

1. 能核验已采集的货币资金数据资料。

2. 能核验已完成的现场勘查任务和现场盘点任务。

3. 能补充企业申报表中货币资金明细表的内容。

4. 能根据货币资金常见的估值计算公式，计算货币资金案例估值。

5. 能根据企业货币资金核查与分析程序表，检查货币资金核验与分析程序的完成度。

6. 能使用摩估云平台完成上述任务。

情境导入

祺祥公司为了实现引进战略投资者和扩大公司经营的战略目标，需要履行企业货币资金数据核验与分析程序。公司战略规划部决定对已采集的企业货币资金数据资料，针对其"真实性、准确性、完整性"等方面进行核验与分析。

任务布置

根据任务背景，祺祥公司资产核验人员李贺需要对李天收集的企业货币资金数据资料和完成的现场工作执行货币资金数据核验与分析程序，完成企业货币资金数据核验与分析任务程序。企业货币资金数据核验与分析任务清单见表 2-1。

表 2-1　企业货币资金数据核验与分析任务清单

编号	任务名称
1	检查数据采集人员已采集的货币资金数据资料
2	检查数据采集人员已完成的货币资金现场任务
3	补充完善企业申报表的货币资金明细表
4	编制企业货币资金数据核验与分析程序表

业务要领

一、现金核验与分析业务要领

（1）复核加计正确，并与总账数、明细账合计数核对相符。

（2）检查非记账本位币现金折算汇率及折算是否正确。

（3）监盘库存现金，编制库存现金盘点表，对盘点金额与现金日记账余额进行核对，如有差异，应作出记录或做适当调整。在非资产负债表日进行盘点时，应调整至资产负债表日的金额。若有充抵库存现金的借条、未提现支票、未做报销的原始凭证，需在盘点表中注明。

（4）抽取大额现金收支原始凭证进行核查，检查内容是否完整、有无授权批准、是否与企业生产经营活动相关、账务处理是否正确。

（5）抽查资产负债表日前后若干天的现金收支凭证进行截止测试，如有跨期收支事项，应做适当调整。

（6）对于非记账本位币的现金，检查其采用的折算汇率是否正确、外币现金折算差额是否按规定计入相关账户。

（7）如果盘点日与评估基准日不一致，需要将现金盘点数调整至评估基准日实存数，确定评估值。

（8）如果现金评估值与日记账余额核对不符，分析差异的原因。

二、银行存款核验与分析业务要领

（1）获取或编制银行存款明细表，复核加计正确，并与总账数和银行存款日记账余额核对是否相符；核对期初余额与上期审定期末余额是否相符；检查非记账本位币银行存款的折算汇率及折算是否正确。

（2）获取资产负债表日所有银行账户的对账单、银行存款余额调节表，并完成以下工作：核对银行对账单（定期存单）之存款人、账号、期间、截止日、计息是否与客户之记录相符；检查被核查单位提供的对账单是否存在涂改或修改的情况，确定银行对账单的真实性；抽样核对账面记录的已付支票金额及存款金额是否与对账单记录一致；检查资产负债表日银行存款余额调节表是否正确，经调节后的银行存款余额若有差异，应查明原因，作出记录或做适当的调整；检查未达账项的真实性以及资产负债表日后的入账情况，应于资产负债表日前入账的重大事项需做相应调整等。

（3）对银行存款账户发函询证，包括零余额账户和在本期内注销的账户，检查回函金额是否与对账单一致，编制银行存款函证结果汇总表。询证函应包括对银行存款是否存在受限的函证内容。

（4）检查所有银行存款账户存款人是否为被核验单位，若存款人非被核验单位，应获取该账户户主的声明及被核验单位的文字说明，对金额较大的作出核验调整或恰当披露。

（5）了解未达账项形成的原因或业务内容，抽查有关账务处理，核实有关原始单据，复印重要原始单据资料。

（6）对外币账户，须查询基准日汇率，并以汇率中间价折算。

（7）如果银行存款评估值与日记账余额核对不符，分析差异的原因。

任务实施

一、业务流程

企业货币资金数据核验与分析业务流程如图2-1所示。

| 检查数据采集人员已采集的货币资金数据资料 | → | 检查数据采集人员已完成的货币资金现场任务 | → | 补充完善企业申报表的货币资金明细表 | → | 编制企业货币资金核验与分析程序表 |

图2-1　企业货币资金数据核验与分析业务流程

二、业务操作

（一）检查数据采集人员已采集的货币资金数据资料

数据核验人员需要检查数据采集人员已采集的货币资金数据资料，包括库存现金日记账、银行存款明细账、库存现金盘点表、银行对账单、银行存单盘点表、银行存款余额调节表等。需要特别关注现金盘点信息、银行对账单、银行存款余额调节表等是否存在逻辑性错误，对于存在逻辑性错误的情况，数据核验人员需要及时向数据采集人员反馈，要求数据采集人员进一步核实相关情况，对采集的数据资料进行必要的补充。

（二）检查数据采集人员已完成的货币资金现场任务

数据核验人员需要检查数据采集人员已完成的货币资金现场任务，包括：现金盘点表、银行存款余额调节表的填写是否完整，现金盘点表、银行存款余额调节表的内容是否与核验后的数据资料匹配等。

在检查现金盘点表、银行对账单时，数据核验人员需要对现金盘点表和银行对账单的内容逐项进行检查。对于有误的内容，数据核验人员需要与数据采集人员进行沟通，根据核实后的信息更正。

（三）补充完善企业申报表的货币资金明细表

（四）编制企业货币资金核验与分析程序表

根据数据采集人员和数据核验人员已完成程序，对照货币资金核验与分析程序表，再次核实企业货币资金数据资料的核验与分析程序是否已经履行完毕。

任务评价

企业货币资金数据核验与分析评价见表2-2。

表2-2 企业货币资金数据核验与分析评价

评价对象：

编号	任务名称	分值	正确率/%	得分
1	检查数据采集人员已采集的货币资金数据资料	20		
2	检查数据采集人员已完成的货币资金现场任务	25		
3	补充完善企业申报表的货币资金明细表	25		
4	编制企业货币资金数据核验与分析程序表	30		
	合计	100		

任务2-2 企业往来款项数据核验与分析

学习目标

1. 能核验已采集的往来款项数据资料。

2. 能核验已完成的逾期、异常往来账款的核查验证任务。

3. 能补充企业申报表中往来款项明细表的内容。

4. 能根据企业往来款项核验与分析程序表，检查往来款项核验与分析程序的完成度。

5. 能使用摩估云平台完成上述任务。

情境导入

祺祥公司为了实现引进战略投资者和扩大公司经营的战略目标，需要履行企业往来款项数据核验与分析程序。公司战略规划部决定对企业往来款项数据资料的真实性、准确性和完整性进行核验与分析。

任务布置

根据任务背景，祺祥公司资产核验人员李贺需要对李天收集的企业往来款项数据资料和完成的现场工作进行核验与分析，完成企业往来款项数据核验与分析程序。企业往来款项数据核验与分析任务清单见表2-3。

表 2 – 3　企业往来款项数据核验与分析任务清单

编号	任务名称
1	检查数据采集人员已采集的往来款项数据资料
2	检查数据采集人员已完成的往来款项函证任务
3	补充完善企业申报表的往来款项明细表
4	编制企业往来款项核验与分析程序表

业务要领

一、应收账款核验与分析业务要领

（1）了解分析应收账款的形成依据，收集有关合同、决议、分配方案及分配预案等重要资料，并抽查有关会计凭证，做好相应清查核实记录。

（2）对应收款项实施账龄分析以及其他分析程序，如有坏账，在坏账分析表中列示。

（3）选择重点明细项目（大额、有特殊情况、有疑问的），填写往来函证单，实施函证等程序步骤，了解应收款项存在性，判断应收款项的可收回性。

（4）分析判断企业应收款项的坏账及预计坏账损失，收集相关证据。

（5）对有确凿依据为坏账的款项，查明具体原因并取证，可评估为 0。

二、应收票据核验与分析业务要领

（1）了解企业应收票据的类型，收集大额应收票据发生的合同、协议等重要资料，并复印票据原始凭证，做好相应清查盘点记录。

（2）盘点应收票据。适当地实施替代程序，判断应收票据的可收回性，在清查期间对已收回的票据，应记录收回时间、金额等。

（3）了解是否有未到期且有确凿证据不能够收回或收回的可能性不大的应收票据，应将其转入应收账款。

任务实施

一、业务流程

企业往来款项数据核验与分析业务流程如图 2 – 2 所示。

| 检查数据采集人员已采集的往来款项数据资料 | → | 检查数据采集人员已完成的往来款项函证任务 | → | 补充完善企业申报表的往来款项明细表 | → | 编制企业往来款项核验与分析程序表 |

图2-2　企业往来款项数据核验与分析业务流程

二、业务操作

（一）检查数据采集人员已采集的往来款项数据资料

数据核验人员需要检查数据采集人员已采集的往来款项数据资料，包括往来款项明细账、往来款项函证资料、发票、银行回单、业务合同等。需要特别关注往来款项函证等是否存在逻辑性错误，对于存在逻辑性错误的情况，数据核验人员需要及时向数据采集人员反馈，要求数据采集人员进一步核实相关情况，对采集的数据资料进行必要的补充。

（二）检查数据采集人员已完成的往来款项函证任务

选取其中大额和重要的应收账款进行函证或原始凭证抽查。分析往来账款发生的时间、原因及款项回收的情况，收集坏账损失确认的明细表。对关联单位之间往来进行双向核对，核实双方挂账是否相符。

数据核验人员需要检查数据采集人员已完成的函证任务，检查往来款项凭证及凭证附件（包括但不限于发票、银行回单、业务合同等）、询证函等查验资料是否完整，询证函是否与核验后的数据资料匹配等。

在检查询证函时，数据核验人员需要对其逐项进行检查。对于有误的内容，数据核验人员需要与数据采集人员进行沟通，根据核实后的信息更正。

（三）补充完善企业申报表的往来款项明细表

项目经理李贺在核查完李天上传的电子档案和填写的询证函后，完善企业申报表。该步骤的目的在于鉴别资料的有效性与合理性，为下一步的估值分析进行铺垫。

（四）编制企业往来款项核验与分析程序表

根据数据采集人员和数据核验人员已完成的程序，对照往来款项核查与分析程序表，再次核实企业往来款项数据资料的核查与分析程序是否已经履行完毕。

任务评价

企业往来款项数据核验与分析评价见表2-4。

表2-4 企业往来款项数据核验与分析评价

评价对象：

编号	任务名称	分值	正确率/%	得分
1	检查数据采集人员已采集的往来款项数据资料	20		
2	检查数据采集人员已完成的往来款项函证任务	20		
3	补充完善企业申报表的往来款项明细表	30		
4	编制企业往来款项核验与分析程序表	30		
	合计	100		

任务2-3 企业存货数据核验与分析

学习目标

1. 能核验已采集的存货数据资料。

2. 能核验已完成的现场盘点任务。

3. 能补充企业申报表中存货明细表的内容。

4. 能选择恰当方法对存货进行估值。

5. 能根据企业存货核查与分析程序表，检查存货核验与分析程序的完成度。

6. 能使用摩估云平台完成上述任务。

情境导入

祺祥公司为了实现引进战略投资者和扩大公司经营的战略目标，需要履行企业存货数据核验与分析程序。公司战略规划部决定对企业存货数据资料的真实性、准确性和完整性进行核验与分析，要求资产核验人员会使用摩估云平台对企业存货权属文件、财务报表、会计凭证、价格信息及专业报告等数据资料进行核验，并根据企业报表数据修改和完善存货资产评估申报明细表；能通过与企业资产管理人员进行集中或一对一的访问、交谈，补充存货与申报表差异的证据，逐项验证所提供的资料，判断其可信、有效程度；能对询价记录与账面价值的差异进行分析，合理确定存货评估值；会按照评估数据应用场景的要求对存货公允价值变动进行分析，为企业资产估值数据应用奠定基础。

任务布置

　　根据任务背景，祺祥公司资产核验人员李贺需要对李天收集的企业存货数据资料和完成的现场工作进行核验与分析，完成企业存货数据核验与分析任务程序。企业存货数据核验与分析任务清单见表2-5。

表2-5　企业存货数据核验与分析任务清单

编号	任务名称
1	检查数据采集人员已采集的存货数据资料
2	检查数据采集人员已完成的存货函证任务
3	补充完善企业申报表的存货明细表
4	选择恰当方法对存货进行估值
5	编制企业存货核验与分析程序表

业务要领

　　（1）了解、分析存货的构成、分布和企业内部控制管理制度，以及各类存货的核算方法，并抽查有关存货出入库记录，做好相应清查记录。

　　（2）获取并检查被评估单位评估基准日或最近一次存货盘点记录，评价盘点的可信度。

　　（3）抽查盘点重点存货，填写"盘点表"。盘点结果如有差异，必要时加大盘点比例或全面盘点。存放方式特殊或存放在异地的，采取其他程序确定存货的存在性。

　　（4）对盘盈、盘亏的存货，查明原因并做记录。

　　（5）对失效、变质等待核销报废的存货，应要求企业首先作出相应处理与说明。

任务实施

一、业务流程

企业存货数据核验与分析业务流程如图2-3所示。

二、业务操作

（一）检查数据采集人员已采集的存货数据资料

数据核验人员需要检查数据采集人员已采集的存货数据资料，包括存货内部控

| 检查数据采集人员已采集的存货数据资料 | → | 检查数据采集人员已完成的存货函证任务 | → | 补充完善企业申报表的存货明细表 | → | 选择恰当方法对存货进行估值 | → | 编制企业存货核验与分析程序表 |

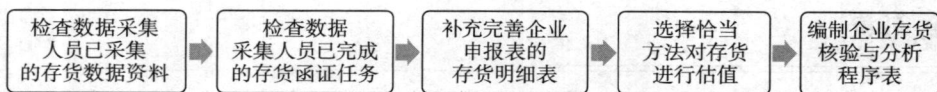

图 2 - 3 企业存货数据核验与分析业务流程

制制度、存货的会计核算信息、存货抽样盘点表、存货抽样说明等。尤其需要将存货抽样盘点表和存货会计信息等资料进行对照,检查存货数据资料的完整性和存货的真实性。

对于存在逻辑性错误或者不能相互印证的资料,数据核验人员需要及时向数据采集人员反馈,要求数据采集人员进一步核实相关情况,对采集的数据资料进行必要的补充。

（二） 检查数据采集人员已完成的存货函证任务

数据核验人员需要检查数据采集人员已完成的存货函证任务,包括:存货抽样盘点表的填写是否完整,存货抽样盘点表的内容是否与核验后的数据资料匹配,存货抽样盘点是否满足相关规定要求。

下面打开平台页面的"任务管理",检查李天上传的档案资料及盘点表填表情况。复核工作包括以下内容。

（1） 检查资料是否上传到合适的位置。

（2） 检查采集的数据是否有错误或不合适的。

（3） 对存放位置或内容不合适的电子档案,单击"添加分析"提出修改意见。

（4） 检查填写的盘点表是否与收集的资料不一致。

（5） 对盘点表与收集的资料不一致的信息进行修改。

（三） 补充完善企业申报表的存货明细表

在核实已采集的数据资料和已完成的现场任务后,数据核验人员需要检查企业申报的存货明细表,如发现有项目遗漏,资产核验人员需要进行补充,经过分析,企业存货明细表无须补充其他信息。

（四） 选择恰当方法对存货进行估值

资产核验人员结合存货核验情况,合理选择存货分析方法,编制存货估值明细表,分别计算存货评估价值、增值额和增值率。根据存货评估结果对选用评估方法适用性进行分析,分析公司存货资产账面价值与评估价值差异对公司资产管理的作用与效果。

（五）编制企业存货核验与分析程序表

根据数据采集人员和数据核验人员已完成程序，对照存货核验与分析程序表，再次核实企业存货数据资料的核验与分析程序是否已经履行完毕。

任务评价

企业存货数据核验与分析评价见表2-6。

表2-6 企业存货数据核验与分析评价

评价对象：

编号	任务名称	分值	正确率/%	得分
1	检查数据采集人员已采集的存货数据资料	20		
2	检查数据采集人员已完成的存货函证任务	20		
3	补充完善企业申报表的存项明细表	20		
4	选择恰当方法对存货进行估值	30		
5	编制企业存货核验与分析程序表	10		
合计		100		

任务2-4 企业交易性金融资产数据核验与分析

学习目标

1. 能核验已采集的交易性金融资产数据资料。

2. 能核验已完成的现场盘点任务。

3. 能补充企业申报表中交易性金融资产明细表的内容。

4. 能根据企业交易性金融资产核查与分析程序表，检查交易性金融资产核验与分析程序的完成度。

5. 能使用摩估云平台完成上述任务。

情境导入

祺祥公司为了实现引进战略投资者和扩大公司经营的战略目标，需要履行企业交易性金融资产数据核验与分析程序。公司战略规划部决定对企业交易性金融资产数据资料的"真实性、准确性和完整性"进行核验与分析。

任务布置

根据任务背景，祺祥公司资产核验人员李贺需要对李天收集的企业交易性金融资产数据资料和完成的现场工作进行核验与分析。完成企业交易性金融资产数据核验与分析任务程序。企业交易性金融资产数据核验与分析任务清单见表 2-7。

表 2-7　企业交易性金融资产数据核验与分析任务清单

编号	任务名称
1	检查数据采集人员已采集的交易性金融资产数据资料
2	计算交易性金融资产案例的估值
3	编制企业交易性金融资产数据核验与分析程序表

业务要领

（1）获取股票、债券等实际持有数量及比例，复印重要凭证资料。

（2）通过实施核对、函证等程序，认可实际的股票、债券、基金数量，编制有价证券盘点表。

（3）通过查询 Wind 资讯网采集交易性金融资产询价情况，编制交易性金融资产询价记录表。

（4）抽查股票、债券的买卖增减记录，了解交易性金融资产变现可能性。

任务实施

一、业务流程

企业交易性金融资产数据核验与分析业务流程如图 2-4 所示。

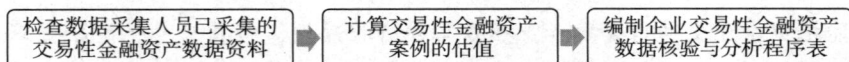

检查数据采集人员已采集的交易性金融资产数据资料　➡　计算交易性金融资产案例的估值　➡　编制企业交易性金融资产数据核验与分析程序表

图 2-4　企业交易性金融资产数据核验与分析业务流程

二、业务操作

（一）检查数据采集人员已采集的交易性金融资产数据资料

数据核验人员需要检查数据采集人员采集的交易性金融资产数据资料，包括有价证券盘点表、股票成交交割单、未上市流通股权证复印件、债券复印件、基金成交交割单复印件、询价记录、股东卡等。尤其需要将交易性金融资产基础信息、交易性金融资产法律权属资料等资料进行对照，检查交易性金融资产数据资料的完整性和交易性金融资产的真实性。

对于存在逻辑性错误或者不能相互印证的资料，数据核验人员需要及时向数据采集人员反馈，要求数据采集人员进一步核实相关情况，对采集的数据资料进行必要的补充。

（二）计算交易性金融资产案例的估值

资产核验人员在核验完已采集的交易性金融资产数据资料、补充交易性金融资产明细表后，根据估值目的和估值对象，针对交易性金融资产案例的具体情况，选用合适的估值计算方法，计算交易性金融资产案例估值。

（三）编制企业交易性金融资产数据核验与分析程序表

根据数据采集人员和数据核验人员已完成的程序，对照交易性金融资产核验与分析程序表，再次核实企业交易性金融资产数据资料的核验与分析程序是否已经履行完毕。

任务评价

企业交易性金融资产数据核验与分析评价见表2-8。

表2-8 企业交易性金融资产数据核验与分析评价

评价对象：

编号	任务名称	分值	正确率/%	得分
1	检查数据采集人员已采集的交易性金融资产数据资料	40		
2	计算交易性金融资产案例的估值	40		
3	编制企业交易性金融资产数据核验与分析程序表	20		
	合计	100		

项目小结

本项目主要包括企业货币资金数据核验与分析、企业往来款项数据核验与分析、企业存货数据核验与分析、企业交易性金融资产数据核验与分析四个任务，各任务主要介绍了企业流动资产核验与分析、估值分析与具体的操作流程等相关知识。

项目训练

【任务背景】

祺祥公司需要新建一条生产线，公司董事会决定对祺祥公司持有的交易性金融资产进行估值，为后续处置金融资产提供价值参考。资产管理部李天（数据采集员）已对祺祥公司持有的交易性金融资产（包括股票、基金、债券投资）进行了数据采集和现场盘点，并在平台上传了电子档案和填写了盘点表。

你（数据核查岗）需要对李天上传的电子档案和填写的盘点表进行复核，同时完善企业申报表。该步骤的目的在于鉴别资料的有效性与合理性，为下一步的估值分析进行铺垫。

【业务资料】

现场人员没有发现祺祥公司交易性金融资产明细账与申报表存在差异，也没有发现涉及重大变现限制的、异常的、设立质押担保等他项权利的、法律诉讼或纠纷以及其他需要说明的情况。

【任务要求】

1. 进入摩估云平台，在祺祥公司项目的任务管理页面创建股票核查任务。

2. 在任务管理页面中，找到已创建的股票核查任务，根据任务背景、业务资料、其他交易性金融资产的实训任务完成股票核查程序表的填写。

项目 3 企业设备资产核验与分析

项目导语

核验与分析设备资产是通过对公司设备资产数据的核验，保障公司采集的设备资产权属文件、财务报表、会计凭证、价格信息以及专业报告等数据资料的"真实性、准确性和完整性"，满足国家法律法规和政策文件关于企业设备评估要求。通过对企业设备资产评估方法、评估模型、评估参数和评估结果的分析，寻求企业设备资产管理有效途径，促进企业资产高质量发展。

项目思维导图

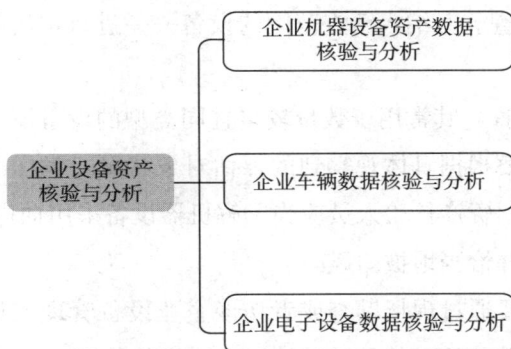

```
                    ┌─────────────────────┐
                    │ 企业机器设备资产数据 │
                    │     核验与分析       │
                    └─────────────────────┘
┌───────────┐      ┌─────────────────────┐
│ 企业设备资产 │──────│ 企业车辆数据核验与分析 │
│ 核验与分析  │      └─────────────────────┘
└───────────┘      ┌─────────────────────┐
                    │ 企业电子设备数据核验与分析 │
                    └─────────────────────┘
```

知识准备

一、企业机器设备资产数据核验与分析

（一）企业机器设备资产数据核验

1. 书面审查

机器设备权属证明资料主要包括：机动车登记证、船舶所有权证书、船舶国籍证书；外购机器设备的购置合同、购置发票、付款凭据、进口设备报关单；自制机器设备主要材料以及外购件的采购合同和发票、竣工决算资料；融资租赁设备的融资租赁合同、发票；由法院判决形成的设备资产的法院判决书、资产交接单；抵

（质）押机器设备的抵（质）押合同、抵（质）押登记证书；国有资产划转材料、调拨单。

资产核验人员采用书面审查的方式核查上述权属证明资料。书面审查的工作内容包括以下几个方面。

（1）查阅并核对权属证明资料的原件、复印件是否一致。

（2）如果权属证明资料原件留存于他处，可以向原件留存方查询或者函证。

（3）根据需要，要求产权持有人到相关权属主管部门配合查询评估对象法律权属登记情况。

（4）对于重要设备的购买合同、发票、竣工决算资料等，根据经济行为特点、产权持有人信用情况以及重要性原则，自行判断是否采取其他延伸核查方式。

2. 现场任务勘查

资产核验人员通常需要到企业机器设备所在地，对机器设备进行现场逐项调查或抽样调查，确定机器设备是否存在，明确机器设备使用存在状态并关注其权属。

（1）逐项调查清查。对纳入清查范围的设备一一进行现场勘查，常用于重点设备的清查。

（2）抽样调查清查。其常用于数量较多且同类型的设备清查。在采用这种方法时，资产核验人员需要根据具体观察到的评估对象状况，对样本以外的机器设备进行一定的假设和推断。资产核验人员应当了解机器设备采用抽样调查方式的局限性，充分考虑抽样风险，并恰当地披露风险。

数据采集人员需要通过现场勘查或者访谈企业设备管理人员，了解机器设备的运行情况，以及机器设备的现状是正常使用中、超负荷使用中、闲置中还是维修中。一般进行现场勘查的时候，数据采集人员尽量要求企业设备管理人员领勘，因为：①设备管理人员比较熟悉设备的存放位置，可以提高设备勘查的效率、减少查勘时寻找设备的时间；②设备管理人员比较了解设备的实际运行状况，数据采集人员如有疑问可以现场进行询问。凡参与现场勘查或盘点的人员，均应在勘查表上签字确认。

（二）企业机器设备资产数据分析

根据《资产评估执业准则——机器设备》对机器设备的定义，"本准则所称机器设备，是指人类利用机械原理以及其他科学原理制造的、特定主体拥有或者控制的有形资产，包括机器、仪器、器械、装置、附属的特殊建筑物等。"

机器设备的估值方法一般有成本法和市场法。

1. 成本法

成本法是机器设备价值分析的一种常用方法，它适用于继续使用假设前提下不具备独立获利能力的单台机器设备或其他机器设备的价值分析。

如果估值人员对机器设备的各项指标、制作材料、功能参数等熟悉，能够收集这台设备的主要技术参数等数据，采用成本法对这项资产进行评估是较为有效的评估方法。

成本法的计算公式为

机器设备估值 ＝ 机器设备重置成本 － 实体性贬值 － 功能性贬值 － 经济性贬值

＝ 机器设备重置成本 × 该设备的综合成新率

上式中，综合成新率是反映机器设备的现行价值与其全新状态重置价值的比率，是综合考虑资产使用中各类损耗以后确定的成新率。

（1）机器设备重置成本。机器设备重置成本通常可以分为复原重置成本和更新重置成本两种。

复原重置成本是指以现时价格水平重新购置或者重新建造与估值对象相同的全新资产所发生的全部成本。其中的相同，不仅包括在整体功能上相同，也包括在材料、建筑或者制造标准、设计、规格和技术等方面与估值对象相同或者基本相同。

更新重置成本是指以现时价格水平重新购置或者重新建造与估值对象具有同等功能的全新资产所发生的全部成本。机器设备取得的方式和渠道不同，重置成本的构成项目也不一致。机器设备重置成本构成项目见表3－1。

表3－1　机器设备重置成本构成项目

机器设备取得方式	重置成本的构成项目
外购的国产设备	设备自身购置价格、设备运杂费、设备安装调试费、大型设备一定期限内的资金成本、其他费用（如手续费、验车费、牌照费等）
进口设备	国际市场价格（离岸价格）、境外途中保险费、境外运费 进口关税、增值税、相关手续费、国内运杂费、安装调试费、大型进口设备资金成本
自制设备	制造费用、安装调试费、大型设备合理的资金成本、合理利润、其他必要的合理费用，如设计费、制图费等

在明确重置成本构成项目的基础上，可以分别按外购的国产设备、进口设备和自制设备进行重置成本的测算。

（2）综合成新率。机器设备的综合成新率是通过现场对设备勘查，全面了解设备的原始制造质量、运行现状、使用维修、保养情况以及现时同类设备的性能更新、技术进步等影响因素，综合考虑设备的实体性贬值、功能性贬值（对于重置成本为复原重置成本的）和可能存在的经济性贬值（用于生产线和机组、大型重要设备，对季节性使用、闲置、淘汰设备不专门计算）确定其成新率。

一般来说，机器设备可以结合使用年限法和现场观察法确定综合成新率。综合成新率的计算公式为

$$综合成新率 = 年限法成新率 \times 权重 + 现场勘查成新率 \times 权重 \times 100\%$$

式中：

$$年限法成新率 = \frac{尚可使用年限}{(尚可使用年限 + 已使用年限)} \times 100\%$$

2. 市场法

机器设备评估的市场法是指根据市场上类似机器设备的交易价格资料，通过对评估对象和市场参照物的差异进行调整，确定被评估机器设备价格的一种方法。运用市场法评估机器设备需具备交易活跃的市场以及参照物的可比性两个前提条件。

（1）直接比较法。机器设备评估的直接比较法是指利用二手设备市场上已经成交的相同机器设备的交易资料，通过与被评估设备的直接比较，调整得到被评估机器设备价值的方法。

$$评估值 = 参照物的市场价值 \pm 差异调整$$

（2）类比分析法。机器设备评估的类比分析法是指利用与被评估设备相似且已经在市场上成交的设备的交易数据和资料，通过对评估对象机器设备与参照物之间可比因素的对比分析，计算调整系数或调整值来确定机器设备的评估值的方法。

二、企业车辆数据核验与分析

（一）企业车辆数据核验

企业车辆数据核验是指企业资产核验人员依据国家颁布实施的法律法规和企业内部管理要求对公司车辆资产有关文件、证明与资料的真实性、准确性、完整性进行核验。车辆设备常用的核验手段一般是采取逐项调查方法，企业车辆设备核验方法包括现场勘查、访谈等。

1. 现场勘查

资产核验人员通过现场勘查核实车辆的数量、品牌、型号规格、购置时间及启用时间等基本信息，核对信息账账、账表、账实是否相符。完成汽车外观的勘查、行驶里程的读取，并对车辆发动机、底盘、电气系统进行检查。一般进行现场勘查

的时候，尽量要求企业设备管理人员领勘，凡参与勘查的人员，均应在勘查表上签字确认。

2. 访谈

资产核验人员通过与企业相关资产管理人员进行集中或一对一的访问、交谈，可以极大地帮助其取得系统的信息，发现未记录或者工作人员容易忽视的问题。例如，通过访谈车辆管理人员，可了解车辆使用情况，是否出现大的事故以及维修情况。访谈的方法既能提高数据采集工作效率，又能掌握准确信息，防范执业风险。

（二）企业车辆数据分析

企业车辆数据分析是指公司资产核验人员依据国家颁布的法律法规和公司资产管理要求选用不同评估方法，选取相应的估值模型和参数进行分析、计算与判断，形成企业车辆资产测算结果，对形成的测算结果与账面价值进行分析，反映企业车辆资产管理效果，为企业车辆资产估值数据应用奠定基础。

三、企业电子设备数据核验与分析

（一）企业电子设备数据核验

企业电子设备数据核验是指公司资产核验人员依据国家颁布实施的法律法规和公司内部管理要求对公司电子设备有关文件、证明与资料的真实性、准确性、完整性进行核验。企业电子设备通常采取盘点的方法进行核验，包括现场盘点、访谈等方式。

1. 现场盘点

资产检验人员核实电子设备账表清单与实际数量、状况的一致性，通常采用抽查的方法。抽查的范围和比例，应根据企业固定资产管理水平、电子设备类型、电子设备价值量大小等因素确定。如果抽查结果表明账实误差对经济业务没有影响，则认为资产占有方提供的账表清单资料可以直接利用；如果抽查结果表明账实误差对经济业务影响较小，则可以重点对量大、值高的电子设备重新清查；如果账实误差对经济业务影响较大，则公司提供的账表清单资料基本不能利用，应重新进行全面的清查。资产核验人员前往企业查看电子设备使用情况，现场对实物状况等进行检查。实务中尽量要求企业设备管理人员领勘，他们比较熟悉设备的存放位置，可以减少查勘时寻找设备的时间。

2. 访谈

资产检验人员通过与企业相关固定资产管理人员进行访问、交谈，了解未记录或者工作人员容易忽视的问题。例如，通过访谈进一步核实电子设备盘盈、盘亏的情况，了解形成的原因，获得相应证明材料，并确定权属。

（二）企业电子设备数据分析

企业电子设备数据分析是指公司资产核验人员依据国家颁布实施的法律法规和企业内部管理要求，根据所采用的不同评估方法，选取相应的评估模型和参数进行分析、计算和判断，形成企业电子设备资产数据测算结果，对形成的测算结果与账面价值进行对比分析，反映企业电子设备资产管理效果，为企业电子设备资产估值数据应用奠定基础。

由于企业电子设备名称、规格型号等历史资料相对比较完整，现时资产与历史资产具有相同性和可比性，形成资产价值的耗费是必需的。同时，资产处于正常使用状态，符合成本法的使用条件，故可以采用成本法进行评估。由于电子设备资产使用正常，与目前市场上流通的设备在技术与性能上差别不大，设备在原地正常使用，不存在经济性贬值，因此不考虑功能性贬值和经济性贬值，仅考虑其实体性贬值。成本法的计算公式为

$$评估值 = 重置价值 \times 实体性成新率$$

如果当地二手设备资产交易市场活跃，能够获取足够数量的具有相似性、可比性的可比资产销售资料，也可以采用市场法评估。

任务 3 – 1 企业机器设备资产数据核验与分析

学习目标

1. 能核验已采集的机器设备资产数据资料。

2. 能核验已完成的现场勘查任务和现场盘点任务。

3. 能补充企业申报表中机器设备明细表的内容。

4. 能根据机器设备常见的估值计算公式，计算机器设备案例估值。

5. 能根据企业机器设备资产数据核验与分析程序表，检查机器设备资产数据核验与分析程序的完成度。

6. 能使用摩估云平台完成上述任务。

情境导入

祺祥公司为了实现引进战略投资者和扩大公司经营的战略目标，需要履行企业

机器设备数据核验与分析程序。公司战略规划部决定对已采集的企业机器设备数据资料，针对其真实性、准确性、完整性等方面进行核验与分析。

通过核验已采集的企业机器设备数据资料和已完成的现场任务，了解企业机器设备数据资料采集工作的完成度，掌握企业机器设备数据资料的"真实性、准确性、完整性"，分析企业机器设备的价值，为企业管理层落实机器设备处置、维修、改造、更新、抵押等管理决策提供数据支撑。

任务布置

根据任务背景，祺祥公司资产核验人员李贺需要对李天收集的企业机器设备数据资料和完成的现场工作进行核验与分析，完成企业机器设备资产数据核验与分析任务程序。企业机器设备资产数据核验与分析任务清单见表 3-2。

表 3-2 企业机器设备资产数据核验与分析任务清单

编号	任务名称
1	检查数据采集人员已上传的机器设备电子档案
2	检查数据采集人员已完成的机器设备现场任务
3	补充完善企业申报表的机器设备明细表
4	计算机器设备案例的估值
5	编制企业机器设备数据核验与分析程序表

业务要领

现场勘查是核实企业机器设备的主要方法，也是估值计算形成的重要依据。在核查企业机器设备的现场任务时，需要注意以下事项。

一、检查数据采集人员已采集的机器设备数据资料

数据核验人员需要判断数据采集人员采集的机器设备数据资料本身以及数据资料之间是否存在不合理或者不符合逻辑的地方，如权属证明文件上的权属人与标的公司不一致或者照片拍摄时间早于基准日等。

必要时，需要通过公开渠道核实所采集资料是否真实可靠，如可通过国家税务总局全国增值税发票查验平台抽查部分发票的真实性等。

二、检查数据采集人员已完成的机器设备现场任务

在核实数据采集人员采集的数据资料后，需要对照采集的数据资料检查数据采集人员完成的现场勘查任务和现场盘点任务。

对于机器设备的现场勘查任务，数据核验人员可以根据已验证的数据资料，逐项检查数据采集人员完成的现场勘查任务，尤其是其使用现状、磨损程度、匹配状况等技术参数。

对于机器设备的现场盘点任务，数据核验人员着重检查机器设备现场盘点记录是否符合相关要求和规定，抽查盘点的抽样是否具有代表性。

三、机器设备鉴定

对机器设备进行鉴定是现场勘查工作的重点，包括对机器设备的技术情况鉴定、使用情况鉴定、质量鉴定以及磨损程度鉴定等。在鉴定过程中，机器设备的生产厂家、出厂日期、设备负荷和维修情况等是基本素材。

（1）对机器设备技术情况的鉴定，主要是对机器设备满足生产工艺的程度、生产精度、废品率以及各种耗费和污染情况的鉴定，判断设备是否技术过时和功能落后。

（2）对机器设备使用情况进行鉴定，主要是了解机器设备是处于在用状态还是闲置状态，使用中机器设备的运行参数、故障率、零配件保证率，机器设备闲置的原因和维护情况等。

（3）对机器设备的质量进行鉴定，主要是了解设备的制造质量，设备所处的环境条件对设备质量的影响，设备现时的完整性外观和内部结构情况等。

（4）对机器设备的磨损程度鉴定，主要是了解和掌握机器设备的有形损耗（如锈蚀损伤、精度下降等）以及无形损耗（如功能不足、功能过剩等）。

任务实施

一、业务流程

企业机器设备资产数据核验与分析业务流程如图 3-1 所示。

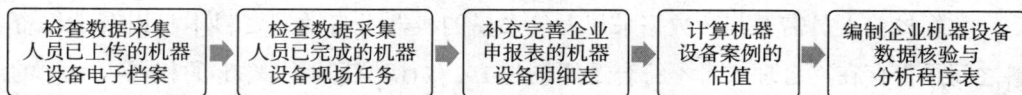

检查数据采集人员已上传的机器设备电子档案 → 检查数据采集人员已完成的机器设备现场任务 → 补充完善企业申报表的机器设备明细表 → 计算机器设备案例的估值 → 编制企业机器设备数据核验与分析程序表

图 3-1　企业机器设备资产数据核验与分析业务流程

二、业务操作

（一）检查数据采集人员已上传的机器设备电子档案

（1）在摩估云系统主页中选择"祺祥新能源汽车有限公司项目"，进入"项目基本信息"界面。

（2）选择"祺祥新能源汽车有限公司"，进入企业"信息"界面。在该页面中，单击"电子档案库"。

（3）在"电子档案库"页面中找到机器设备目录下带有绿点的目录，检查目录下上传的数据资料。对于需要进一步核实的数据资料，单击资料图片左上方的小方框，在页面的右上方的功能按钮中单击"添加分析"。单击后，页面下方会弹出备注分析栏。

（4）在备注分析栏中，勾选"异常"标记，然后填入：①资料本身有没有不合适的地方，如有，描述不合适的地方。②如果该资料与系统内其他资料存在冲突，先说明其他资料内容，再说明与本资料描述不一致的地方。③需要采集人员如何处理。

在填写完备注分析栏中的内容后，单击"保存"即可。

（二）检查数据采集人员已完成的机器设备现场任务

（1）在标的公司层级中单击"任务管理"按钮，进入任务管理页面。

（2）在"任务管理"页面中单击进入"机器设备"实勘任务。

（3）在现场任务详情页面的下方，有关联的设备电子档案。将关联的设备电子档案与现场任务逐条进行检查。

（4）若遇到需要更正或补充的内容，单击页面右上方的"撤回任务提交"。然后，进一步单击任务页面中的"编辑"，更正或补充有关内容。在完成更正或补充内容后，单击"保存""完成并提交任务"。完成上述操作后，返回任务列表。

（三）补充完善企业申报表的机器设备明细表

（1）在标的公司层级中，单击"资产基础法"按钮，进入企业申报表页面。在企业申报表页面中，单击"机器设备"工作表。

（2）在机器设备明细表中，更正或补充内容。

（四）计算机器设备案例的估值

（1）创建机器设备估值案例任务。在企业"信息"界面，单击"任务管理"进入任务管理界面。在该界面中，单击"新建现场任务"进入新建现场任务界面。在新建现场任务界面的调查类型中，选择"估值案例任务"进入估值案例选择界面。在估值案例的界面，找到"机器设备估值案例任务"并单击"选择"按钮，进入现场调查任务资产选择界面。在现场调查任务资产选择界面，单击选择相应资产的行数据，然后在行标处右击，单击"确认选中"选项。在选中资产行数据以后，单击"分配""确认分配"按钮进行任务分配，并返回任务管理界面。

（2）完成机器设备估值案例任务。在任务管理界面下方的任务列表中，找到分配的机器设备估值案例任务，单击进入现场作业任务详情界面。在现场作业任务详情界面，完成机器设备估值计算表。在完成机器设备估值案例表后，单击"完成并提交"按钮返回任务管理界面。

（五）编制企业机器设备数据核验与分析程序表

（1）创建机器设备核查任务。在企业"信息"界面单击"任务管理"进入任务管理界面。在该界面单击"新建现场任务"进入新建现场任务界面。在新建现场任务界面的调查类型中，选择"核查任务"进入核查任务选择界面。在估值案例的界面，找到并勾选"机器设备"，单击"分配""确认分配"按钮进行任务分配，并返回任务管理界面。

（2）完成机器设备核验与分析任务。在任务管理界面下方的任务列表中找到分配的机器设备核验任务，单击进入现场作业任务详情界面。在现场作业任务详情界面，完成机器设备数据核验与分析程序表。在完成机器设备数据核验与分析程序表后，单击"完成并提交"按钮返回任务管理界面。

任务评价

企业机器设备资产数据核验与分析评价见表3-3。

表3-3　企业机器设备资产数据核验与分析评价

评价对象：

编号	任务名称	分值	正确率/%	得分
1	检查数据采集人员已上传的机器设备电子档案	20		
2	检查数据采集人员已完成的机器设备现场任务	20		
3	补充完善企业申报表的机器设备明细表	10		
4	计算机器设备案例的估值	30		
5	编制企业机器设备数据核验与分析程序表	20		
合计		100		

任务3-2　企业车辆数据核验与分析

学习目标

1. 能核验已采集的车辆数据资料。

2. 能核验已完成的现场勘查任务和现场盘点任务。

3. 能补充企业申报表中车辆明细表的内容。

4. 能根据车辆常见的估值计算公式，计算车辆案例估值。

5. 能根据企业车辆核查与分析程序表，检查车辆核验与分析程序的完成度。

6. 能使用摩估云平台完成上述任务。

情境导入

祺祥公司为了实现引进战略投资者和扩大公司经营的战略目标，需要履行企业车辆数据核验与分析程序。公司战略规划部决定对企业车辆数据资料的"真实性、准确性和完整性"进行核验与分析。通过核验已采集的企业车辆数据资料和已完成的现场任务，了解企业车辆数据资料采集工作的完成度，掌握企业车辆数据资料"真实性、准确性、完整性"，分析企业车辆的价值，为企业管理层落实车辆处置、维修、改造、更新、抵押等管理决策提供数据支撑。

任务布置

根据任务背景，祺祥公司资产核验人员李贺需要对李天收集的企业车辆数据资料和完成的现场工作进行核验与分析，完成企业车辆数据核验与分析程序。企业车辆数据核验与分析任务清单见表3-4。

表3-4　企业车辆数据核验与分析任务清单

编号	任务名称
1	检查数据采集人员已采集的车辆数据资料
2	检查数据采集人员已完成的车辆现场任务
3	补充完善企业申报表的车辆明细表
4	计算车辆案例的估值
5	编制企业车辆数据核验与分析程序表

业务要领

现场勘查是核实企业车辆的主要方法，也是估值计算形成的重要依据。在核查企业车辆的现场任务时，需要注意以下事项。

一、检查数据采集人员已采集的车辆数据资料

数据核验人员需要判断数据采集人员采集的车辆数据资料本身以及数据资料之间是否存在不合理或者不符合逻辑的地方，如权属证明文件上的权属人与标的公司

不一致或者照片拍摄时间早于基准日等。

必要时，需要通过公开渠道核实所采集资料是否真实可靠，如可通过国家税务总局全国增值税发票查验平台抽查部分发票的真实性等。

二、检查数据采集人员已完成的车辆现场任务

在核实数据采集人员采集的数据资料后，需要对照采集的数据资料检查数据采集人员完成的现场勘查任务和现场盘点任务。

对于车辆的现场勘查任务，数据核验人员可以根据已验证的数据资料，逐项检查数据采集人员完成的现场勘查任务，尤其是其使用现状、磨损程度、匹配状况等技术参数。

对于车辆的现场盘点任务，数据核验人员着重检查车辆现场盘点记录是否符合相关要求和规定。

三、车辆鉴定

对车辆进行鉴定是现场勘查工作的重点，包括对车辆技术和质量情况的鉴定、使用情况鉴定以及磨损程度鉴定等。在鉴定过程中，车辆的生产厂家、购置时间、实际使用强度和维修情况等是基本素材。

（1）对车辆技术和质量情况的鉴定，主要是对车辆维护保养、外观质量、大修、重大事故经历、内部配置等的鉴定，判断设备是否技术过时和功能落后。

（2）对车辆使用情况进行鉴定，主要是了解车辆是处于在用状态还是闲置状态，使用中车辆的实际运行时间、使用强度、闲置原因等。

（3）对车辆的磨损程度鉴定，主要是了解和掌握车辆的有形损耗（如行驶里程、锈蚀损伤等）以及无形损耗（如功能不足、功能过剩等）。

任务实施

一、业务流程

企业车辆数据核验与分析业务流程如图 3 - 2 所示。

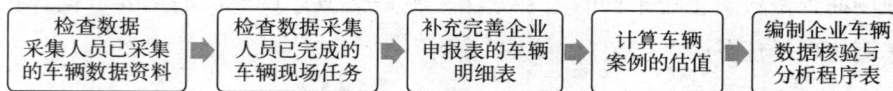

检查数据采集人员已采集的车辆数据资料 → 检查数据采集人员已完成的车辆现场任务 → 补充完善企业申报表的车辆明细表 → 计算车辆案例的估值 → 编制企业车辆数据核验与分析程序表

图 3 - 2　企业车辆数据核验与分析业务流程

二、业务操作

（一）检查数据采集人员已采集的车辆数据资料

数据核验人员需要检查数据采集人员已采集的车辆数据资料，包括车辆基础信息、车辆实际运行情况、车辆法律权属资料、车辆市场价格信息等。尤其需要将车辆基础信息、车辆实际运行情况、车辆法律权属资料等进行对照，检查车辆数据资料的完整性和车辆的真实性。对于存在逻辑性错误或者不能相互印证的资料，数据核验人员需要及时向数据采集人员反馈，要求数据采集人员进一步核实相关情况，对采集的数据资料进行必要的补充。

（二）检查数据采集人员已完成的车辆现场任务

数据核验人员需要检查数据采集人员已完成的车辆现场任务，包括车辆勘查表的填写是否完整、车辆勘查表的内容是否与核验后的数据资料匹配、车辆实际盘点是否满足相关规定要求。在检查车辆勘查表时，数据核验人员需要对勘查表的内容逐项进行检查。对于有误的内容，数据核验人员需要与数据采集人员进行沟通，根据核实后的信息更正有误的内容。

（三）补充完善企业申报表的车辆明细表

在核实完已采集的数据资料和已完成的现场任务后，数据核验人员需要检查企业申报的车辆明细表，如发现有项目遗漏，资产核验人员需要补充车辆明细表。

（四）计算车辆案例的估值

资产核验人员结合车辆实地勘查、书面材料以及询价情况，应选择合理方法作为评估方法，计算车辆估值，编制车辆估值明细表。对于评估方法的选择，需要按照评估对象、评估目的等来进行确定。对于使用情况下车辆，一般采用成本法评估；对于车辆评估具备市场法应用前提的，可以采用市场法进行评估，对同类二手车的成交价格进行修正。

（五）编制企业车辆数据核验与分析程序表

根据数据采集人员和数据核验人员已完成程序，对照车辆数据核验与分析程序表，再次核实车辆数据资料的核验与分析程序是否已经履行完毕。

任务评价

企业车辆数据核验与分析评价见表3-5。

表 3 – 5　企业车辆数据核验与分析评价

评价对象：

编号	任务名称	分值	正确率/%	得分
1	检查数据采集人员已采集的车辆数据资料	20		
2	检查数据采集人员已完成的车辆现场任务	20		
3	补充完善企业申报表的车辆明细表	10		
4	计算车辆案例的估值	30		
5	编制企业车辆数据核验与分析程序表	20		
	合计	100		

任务 3 – 3　企业电子设备数据核验与分析

学习目标

1. 能核验已采集的电子设备数据资料。
2. 能核验已完成的现场勘查任务和现场盘点任务。
3. 能补充企业申报表中电子设备明细表的内容。
4. 能根据电子设备常见的估值计算公式，计算电子设备案例估值。
5. 能根据企业电子设备核查与分析程序表，检查电子设备核验与分析程序的完成度。
6. 能使用摩估云完成上述任务。

情境导入

　　祺祥公司为了实现引进战略投资者和扩大公司经营的战略目标，需要履行企业电子设备数据核验与分析程序。公司战略规划部决定对已采集的企业电子设备数据资料，针对其真实性、准确性、完整性等方面进行核验与分析。通过核验已采集的企业电子设备数据资料和已完成的现场任务，了解企业电子设备数据资料采集工作的完成度，掌握企业电子设备数据资料的真实性、准确性、完整性，分析企业电子设备的价值，为企业管理层落实电子设备处置、维修、改造、更新、抵押等管理决策提供数据支撑。

任务布置

　　根据任务背景，祺祥公司资产核验人员李贺需要对李天收集的企业电子设备数据资料和完成的现场工作进行核验与分析，完成企业电子设备数据核验与分析任务程序。企业电子设备数据核验与分析任务清单见表 3 – 6。

表 3 – 6 企业电子设备数据核验与分析任务清单

编号	任务名称
1	检查数据采集人员已采集的电子设备数据资料
2	检查数据采集人员已完成的电子设备现场任务
3	补充完善企业申报表的电子设备明细表
4	计算电子设备案例的估值
5	编制企业电子设备数据核验与分析程序表

业务要领

（1）获取电子设备评估申报明细表，与明细账、总账、报表进行核对。

（2）查验电子设备购买合同、购买发票、技术指标等资料。

（3）电子设备权证或证明文件名称不符的，应要求企业及相关单位出具说明。

（4）查清电子设备有无涉及诉讼事项及抵押、担保事宜，如有，应当查明原因，并在报告中揭示。

（5）实地勘查电子设备，填写现场勘查记录，现场查看时，应拍摄现场实物照片。核验结果与申报不一致的，应要求被评估单位修改申报表。

任务实施

一、业务流程

企业电子设备数据核验与分析业务流程如图 3 – 3 所示。

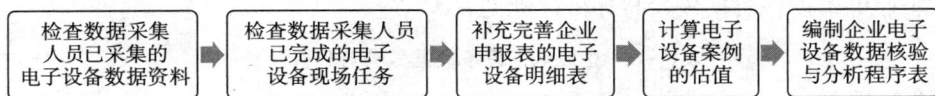

图 3 – 3 企业电子设备数据核验与分析业务流程

二、业务操作

（一）检查数据采集人员已采集的电子设备数据资料

数据核验人员需要检查数据采集人员已采集的电子设备数据资料，包括电子设备基础信息、电子设备安装使用情况、电子设备法律权属资料、电子设备市场价格信息等。尤其需要将电子设备基础信息、电子设备安装使用情况、电子设备法律权属资料等进行对照，检查电子设备数据资料的完整性和电子设备的真实性。对于存在逻辑性错误或者不能相互印证的资料，数据核验人员需要及时向数据采集人员反馈，要求数据采集人员进一步核实相关情况，对采集的数据资料进行必要的补充。

（二）检查数据采集人员已完成的电子设备现场任务

数据核验人员需要检查数据采集人员已完成的电子设备现场任务，包括电子设备勘查表的填写是否完整、电子设备勘查表的内容是否与核验后的数据资料匹配、电子设备盘点表的抽盘范围是否满足相关规定要求、抽盘的设备是否具有代表性等。在检查电子设备勘查表时，数据核验人员需要对其内容逐项进行检查。对于有误的内容，数据核验人员需要与数据采集人员进行沟通，根据核实后的信息更正。

（三）补充完善企业申报表的电子设备明细表

在核实已采集的数据资料和已完成的现场任务后，数据核验人员需要检查企业申报的电子设备明细表，如发现有项目遗漏，资产核验人员需要进行补充。

（四）计算电子设备案例的估值

资产核验人员在核验已采集的电子设备数据资料和已完成的电子设备现场任务，并补充完电子设备明细表后，根据估值目的和估值对象，针对电子设备案例的具体情况，选用合适的估值计算方法，计算案例估值。

（五）编制企业电子设备数据核验与分析程序表

根据数据采集人员和数据核验人员已完成程序，对照电子设备数据核验与分析程序表，再次核实电子设备数据资料的核查与分析程序是否已经履行完毕。

任务评价

企业电子设备数据核验与分析评价见表3-7。

表3-7　企业电子设备数据核验与分析评价

评价对象：

编号	任务名称	分值	正确率/%	得分
1	检查数据采集人员已采集的电子设备数据资料	20		
2	检查数据采集人员已完成的电子设备现场任务	20		
3	补充完善企业申报表的电子设备明细表	10		
4	计算电子设备案例的估值	30		
5	编制企业电子设备数据核验与分析程序表	20		
	合计	100		

项目小结

本项目主要包括企业机器设备数据核验与分析、企业车辆数据核验与分析、企业电子设备数据核验与分析三个任务，各任务主要介绍了企业设备资产的核验、估值分析与具体的操作流程等相关知识。

项目训练

【任务背景】

2020年年末，张家港鼎盛钢铁有限公司（以下简称"鼎盛公司"）现有业务发展限制了公司盈利能力。为公司业务长远发展，公司股东会决定引进战略投资者，改善公司资本结构。为此，公司聘请中联资产评估集团有限公司（以下简称"中联公司"）对鼎盛公司在基准日2020年12月31日的整体资产和负债的市场价值进行评估。现在，中联公司正在对鼎盛公司的数据进行采集，并委派数据采集员到鼎盛公司协助相关部门完成数据采集任务。

【业务资料】

1. 数据采集人员在现场与生产部门的同事李大山对公司的电子设备进行了盘点，并对索尼投影机进行了现场勘查。

2. 李大山按照中联公司的资料清单，收集了公司电子设备的相关资料，并在数据采集人员的指导下将有关数据资料发送到摩估云系统。

【任务要求】

1. 请在摩估云平台的任务管理界面中，创建索尼投影机的电子设备勘查任务。

2. 甄别已接收的数据资料，并根据上述业务资料，完成电子设备勘查表。

3. 在电子设备勘查表的下方，将合适的电子档案上传至合适的电子档案目录下。

项目4　企业房地产数据核验与分析

项目导语

核验与分析企业房地产数据是通过对公司房地产数据的核验，保障公司采集的房地产权属文件、财务报表、会计凭证、价格信息以及专业报告等数据资料的"真实性、准确性和完整性"，满足国家法律法规和政策文件关于房地产评估要求。通过对公司房地产评估方法、评估模型、评估参数和评估结果的分析，寻求公司房地产管理有效途径，促进公司资产高质量发展。

项目思维导图

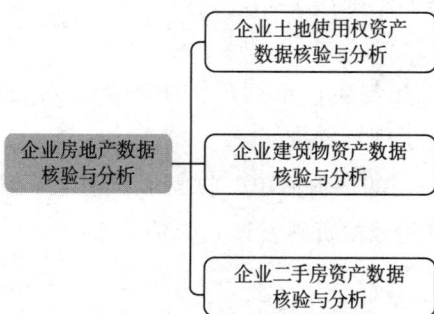

企业房地产数据核验与分析
- 企业土地使用权资产数据核验与分析
- 企业建筑物资产数据核验与分析
- 企业二手房资产数据核验与分析

知识准备

一、企业土地使用权资产数据核验与分析

（一）企业土地使用权资产数据核验

企业土地使用权资产数据核验是指企业资产核验人员依据国家颁布实施的法律法规和企业内部管理要求对企业土地使用权资产有关文件、证明与资料的真实性、准确性、完整性进行核验。这些数据资料包括企业土地使用权资产权属证明资料、相关财务会计信息资料、其他相关资料等。

1. 企业土地使用权资产权属证明资料核验

企业土地使用权资产权属证明资料核验内容包括土地使用权证、土地出让合同和建设用地规划许可证等。没有颁发不动产权证的可以是国有土地使用权证、集体土地所有权证、集体土地使用证、土地他项权利证明书、农村土地承包经营权证、用地通知书、国有建设用地出让合同、划拨决定书、不动产权证、土地使用权抵押登记证明等。

（1）土地使用权证核验内容包括发证部门、权利人、共有情况、坐落位置、不动产单元号、权利类型、土地用途、土地面积、使用期限、权利其他情况、宗地位置图等内容。

（2）土地出让合同核验内容包括合同当事双方、出让土地交付与出让价款的缴纳、土地开发建设与利用情况、土地使用权转让、处置、抵押情况、期限届满情况和其他不可抗力、违约责任及争议解决方法等。

（3）建设用地规划许可证核验内容包括用地单位、用地项目名称、用地位置、用地性质、用地面积、建设规模和发证部门等。

2. 企业土地使用权资产相关财务会计信息资料核验

企业土地使用权资产相关财务会计信息资料核验内容包括审计报告、已经审计的财务报表及其附注、未经审计的财务资料、会计凭证以及会计账簿等。

3. 企业土地使用权资产其他相关资料核验

企业土地使用权资产其他相关资料核验内容包括询价记录、交易案例、检查记录、鉴定报告、行业资讯、政府文件等。

（二）企业土地使用权资产数据分析

企业土地使用权资产数据分析是指公司资产核验人员依据国家颁布的法律法规和公司资产管理要求选用不同评估方法，选取相应的估值模型和参数进行分析、计算和判断，形成土地使用权资产测算结果，对形成的测算结果与账面价值进行分析，反映企业土地使用权资产管理效果，为企业土地使用权数据应用奠定基础。

根据《国有建设用地使用权出让地价评估技术规范》（2018年版）的规定，企业土地使用权出让地价评估方法有成本逼近法、市场比较法、收益还原法、剩余法和公示地价系数修正法五种。出让地价评估，应至少采用两种评估方法，包括剩余法、市场比较法、收益还原法之一，以及成本逼近法或公示地价系数修正法。因土地市场不发育等原因，无法满足上述要求的，应有详细的市场调查情况说明。

1. 成本逼近法

成本逼近法就是以取得和开发土地所耗费的各项费用之和为依据，加上一定利润、利息，应纳税费和土地所有权收益来确定土地价格的一种技术方法。其基本计

算公式为

无限期土地使用权价格（V_N）＝土地取得成本＋土地开发成本＋土地开发利息＋

土地开发利润＋土地增值收益

有限期土地使用权价格（V_n）＝无限期土地使用权价格×$[1-1/(1+r)^n]$

式中：土地取得成本包括土地补偿费、安置补助费、社会保障费、青苗补偿费、耕地占用税和耕地开垦费等。

2. 市场比较法

市场比较法是指在土地交易市场比较发达的条件下，寻找同种或类似土地的近期交易价格作为价格标准，通过比较被评估土地与最近售出类似土地资产的异同，并对类似土地资产的市场价格进行调整，从而确定被评估土地价值的技术方法。其基本计算公式为

$$P_d = P_b \times A \times B \times C \times D$$

式中：P_d 为待评估土地的评估价格；P_b 为可比交易实例价格；A 为交易情况修正系数；B 为交易日期修正系数；C 为区域因素修正系数；D 为个别因素修正系数。

3. 收益还原法

收益还原法是在评估土地在未来每年预期收益的基础上，以一定的土地还原利率，将评估对象土地在未来每年的纯收益折算为评估基准日收益总和的一种方法。其基本计算公式为

$$V_n = a/r \times [1-1/(1+r)^n]$$

式中：V_n 为待评估宗地设定年限的土地价格；a 为土地年纯收益；r 为土地还原利率；n 为使用土地的年限或土地收益年限。以上公式的前提条件是：a 每年不变且大于零，r 每年不变且大于零，土地使用年限为 n 年。

4. 剩余法

剩余法是以被评估土地使用权资产假设开发后不动产预期收入扣除预计的正常开发成本税费、利润等后，将其差额作为土地价格的一种土地使用权资产估价方法。应用此方法评估土地使用权价格时，除依照《城镇土地估价规程》的规定外，还需体现的技术要求是：在假设项目开发情况时，按规划建设条件评估。由于土地容积率、绿地率等规划建设指标是区间值的，在区间上限、下限值中按最有效利用原则择一进行评估；假设的项目开发周期一般不超过 3 年，对于开发完成后拟用于出售的项目，售价取出让时当地市场同类不动产正常价格水平，不能采用估算的未来售价；开发完成后用于出租或自营的项目，按照收益还原法的有关技术要求评估；利

润率宜采用同一市场上类似不动产开发项目的平均利润率。利润率的取值应有客观、明确的依据，能够反映当地不动产开发行业平均利润水平。其基本计算公式为

待开发土地使用权价值 = 开发完成后的不动产价值 − 预计开发成本 −

预计管理费用 − 预计投资利息 − 预计销售税费 − 预计开发利润 − 预计应交税费

5. 公示地价系数修正法

公示地价系数修正法是在对待估的宗地地价影响因素进行分析的基础上，利用宗地地价修正系数，对各城镇已公布的同类用途同级或同一区域土地基准地价进行修正，估算待估宗地客观价格的方法。除依照《城镇土地估价规程》的规定外，还需体现的技术要求是：采用的基准地价应当已向社会公布。采用已完成更新但尚未向社会公布的基准地价，需经省、市、县国土资源主管部门书面同意。在已经开展标定地价公示的城市，可运用标定地价系数修正法进行评估。其基本计算公式为

$$P = \left[P_j \times K_1 \times (1 \pm \Sigma K_2) \times K_3 \times K_4 \times K_5 \times K_6 \times K_7 \times K_8 \pm M \right] \times K_9$$

式中：P 为待估宗地价格；P_j 为评估宗地所在区域的公示地价；K_1 为用途修正系数；ΣK_2 为影响地价区域因素修正值系数之和；K_3 为容积率修正系数；K_4 为年期修正系数；K_5 为期日修正系数；K_6 为面积修正系数；K_7 为形状修正系数；K_8 为临街修正系数；M 为开发程度修正；K_9 为政策调控系数（地下空间修正、产业导向修正、生态控制修正）。

二、企业建筑物资产数据核验与分析

（一）企业建筑物资产数据核验

企业建筑物资产数据核验是指企业资产核验人员依据国家颁布实施的法律法规和公司内部管理要求对企业建筑物资产有关文件、证明与资料的真实性、准确性、完整性进行核验。这些数据资料包括企业建筑物资产权属证明资料、相关财务会计信息资料、其他相关资料等。

1. 企业建筑物资产权属证明资料核验

企业建筑物资产权属证明资料核验内容包括不动产权证书、房屋所有权证、国有建设用地使用权出让合同、建筑物规划许可证、房屋他项权证、开工许可证、在建工程抵押登记证明等。

（1）不动产权证书核验内容包括登记机构、权利人、共有情况、坐落、不动产单元号、权利类型、权利性质、用途、面积、使用期限、权利其他状况、房屋平面

图等。

（2）房屋所有权证核验内容包括房屋所有权人、共有情况、房屋坐落、登记时间、房屋性质、规划用途、房屋状况、建筑物状况、发证单位等。

（3）国有建设用地使用权出让合同核验内容包括合同当事双方、出让建筑物交付与出让价款的缴纳、建筑物开发建设与利用情况、企业建筑物转让、处置、抵押情况、期限届满情况和其他不可抗力、违约责任及争议解决方法等。

（4）建筑物规划许可证核验内容包括发证部门、发证日期、建设单位、建设项目名称、建设位置、建设规模、附图及附件名称等内容。

2. 企业建筑物资产相关财务会计信息资料核验

企业建筑物资产相关财务会计信息资料核验内容包括审计报告、已经审计的财务报表及其附注、未经审计的财务资料、会计凭证以及会计账簿等。

3. 企业建筑物资产其他相关资料核验

企业建筑物资产其他相关资料核验内容包括建筑物现场查勘记录、建筑物询价记录、交易案例、检查记录、鉴定报告、行业资讯、政府文件等。

（二）企业建筑物资产分析

企业建筑物资产分析是指公司资产核验人员依据《资产评估执业准则——不动产》和《资产评估执业准则——资产评估方法》等准则要求，根据所采用的不同评估方法，选取评估模型和参数进行分析、计算与判断，形成企业建筑物资产测算结果，对形成的测算结果与账面价值进行对比分析，反映企业建筑物资产管理效果，为企业建筑物数据应用奠定基础。企业建筑物资产分析方法有成本法、市场法、收益法等。

1. 成本法

企业建筑物成本法包括重编预算法、重编概算法、预决算调整法、价格指数调整法、概算指标调整法、类比计算法和估算法等。其基本计算公式为

企业建筑物评估值 = 重置成本 − 实体性贬值 − 功能性贬值 − 经济性贬值或者

企业建筑物评估值 = 重置成本 × 综合成新率

式中：①重置成本采用客观成本；企业建筑物重置成本采取建筑物使用权与建筑物分别估算，然后加总的评估方式时，重置成本的相关成本构成应当在两者之间合理划分或者分摊，避免重复计算或者漏算；企业建筑物的重置成本通常采用更新重置成本，评估建筑物具有特定历史文化价值的，应当尽量采用复原重置成本。②综合成新率应当综合考虑可能引起企业建筑物贬值的主要因素，估算各种贬值率；确定

住宅用途建筑物实体性贬值时，需要考虑建筑物使用权自动续期的影响，当建筑物使用权自动续期时，可以根据建筑物的经济寿命年限确定其贬值额。

2. 市场法

采用市场法评估企业建筑物时，应当收集足够的交易实例。收集交易实例的信息包括：交易实例的基本状况，主要包括名称、坐落、四至、面积、用途、产权状况、建筑物形状、建筑物使用期限、建筑物建成日期、建筑结构、周围环境等；成交日期；成交价格，包括总价、单价及计价方式；付款方式；交易情况，主要有交易目的、交易方式、交易税费负担方式、交易人之间的特殊利害关系、特殊交易动机等。应当进行交易情况修正、交易日期修正和不动产状况修正。其基本计算公式为

$$P_d = P_b \times A \times B \times C \times D$$

式中：P_d 为待评估建筑物的评估价格；P_b 为可比交易实例价格；A 为交易情况修正系数；B 为交易日期修正系数；C 为区域因素修正系数；D 为个别因素修正系数。

3. 收益法

采用收益法评估企业建筑物时，应当了解：建筑物具有经济收益或者潜在经济收益；未来收益及风险能够较准确地预测与量化；未来收益应当是不动产本身带来的收益；未来收益包含有形收益和无形收益；合理确定收益期限、净收益与折现率。其基本计算公式为

$$V_n = a/r \times [1 - 1/(1 + r)^n]$$

式中：V_n 为待评估建筑物设定年限的建筑物价格；a 为建筑物年纯收益；r 为建筑物还原利率；n 为使用建筑物的年限或建筑物收益年限。以上公式的前提条件是：a 每年不变且大于零，r 每年不变且大于零，建筑物使用年限为 n 年。

三、企业二手房资产数据核验与分析

（一）企业二手房资产数据核验

企业二手房资产数据核验是指企业资产核验人员依据国家颁布实施的法律法规和公司内部管理要求对企业二手房资产有关文件、证明与资料的真实性、准确性、完整性进行核验。这些数据资料包括企业二手房资产权属证明资料、相关财务会计信息资料、其他相关资料等。

1. 企业二手房资产权属证明资料核验

企业二手房资产权属证明资料核验内容包括不动产权证书、房屋所有权证、土

地使用权出让合同、规划许可证、建设规划意见书、建设工程施工许可证、商品房预售许可证、工程概预算书、工程竣工决算书、竣工验收单、房屋买卖合同、现场勘查、房屋抵押登记证明等。

（1）不动产权证书核验内容包括登记机构、权利人、共有情况、坐落、不动产单元号、权利类型、权利性质、用途、面积、使用期限、权利其他状况、房屋平面图等。

（2）房屋所有权证核验内容包括房屋所有权人、共有情况、房屋坐落、登记时间、房屋性质、规划用途、房屋状况、二手房状况、发证单位等。

（3）土地使用权出让合同核验内容包括合同当事双方、出让二手房交付与出让价款的缴纳、二手房开发建设与利用情况、企业二手房转让、处置、抵押情况、期限届满情况和其他不可抗力、违约责任及争议解决方法等。

（4）规划许可证核验内容包括发证部门、发证日期、建设单位、建设项目名称、建设位置、建设规模、附图及附件名称等内容。

2. 企业二手房资产相关财务会计信息资料核验

企业二手房资产相关财务会计信息资料核验内容包括审计报告、已经审计的财务报表及其附注、未经审计的财务资料、会计凭证以及会计账簿等。

3. 企业二手房资产其他相关资料核验

企业二手房资产其他相关资料核验内容包括房屋现场查勘记录、房屋询价记录、房屋买卖交易案例、检查记录、鉴定报告、行业资讯、政府文件等。

（二）企业二手房资产分析

企业二手房资产分析是指公司资产核验人员依据国家颁布的《房地产估价规范》（GB/T 50291—2015）要求，应当根据所采用的不同估价方法，选取相应的估价模型和估价参数进行分析、计算与判断，形成企业二手房资产测算结果，对形成的测算结果与账面价值进行对比分析，反映企业二手房资产管理效果，为企业二手房数据应用奠定基础。

企业二手房资产评估方法有比较法、收益法、成本法等。

1. 比较法

采用比较法评估企业二手房时，应当收集足够的交易实例。收集交易实例的信息包括：交易实例的基本状况，主要包括名称、坐落、四至、面积、用途、产权状况、二手房形状、二手房使用期限、二手房建成日期、建筑结构、周围环境等；成交日期；成交价格，包括总价、单价及计价方式；付款方式；交易情况，主要有交易目的、交易方式、交易税费负担方式、交易人之间的特殊利害关系、特殊交易动机等。应当进行交易情况修正、交易日期修正和不动产状况修正。其基本计算公式为

$$P_d = P_b \times A \times B \times C \times D$$

式中：P_d 为待评估二手房的评估价格；P_b 为可比交易实例价格；A 为交易情况修正系数；B 为交易日期修正系数；C 为区域因素修正系数；D 为个别因素修正系数。

2. 收益法

采用收益法评估企业二手房时，应当了解二手房预计未来净收益或期末转售收益；估计未来收益期或持有期；求取报酬率或资本化率；计算收益价值。收益法分为报酬资本化法和直接资本化法，应优先选用报酬资本化法。

报酬资本化法的基本计算公式如下：

$$V = \sum_{i=1}^{n} \frac{A_i}{(1 + Y)^i}$$

式中：V 为收益价值，（元，元/m²）；A_i 为未来第 i 年的净收益，（元，元/m²）；Y 为报酬率，%；n 为收益期或持有期，年。

直接资本化法的基本计算公式如下：

$$V = \frac{\text{NOI}}{R}$$

式中：V 为收益价值，（元，元/m²）；NOI 为未来第一年的净收益，（元，元/m²）；R 为资本化率，%。

3. 成本法

企业二手房成本法包括房地合估和房地分估两种估值路径。当选择房地合估路径时，应把土地当作原材料，模拟房地产开发建设过程，测算房地产重置成本或重建成本；当选择房地分估路径时，应把土地和二手房当作各自独立的物，分别测算土地重置成本、二手房重置成本或重建成本。其基本计算公式为

企业二手房评估值 = 重置成本 × 综合成新率

式中：①重置成本采用客观成本；企业二手房的重置成本通常采用更新重置成本，评估二手房具有特定历史文化价值的，应当尽量采用复原重置成本。②综合成新率应当综合考虑可能引起企业二手房贬值的主要因素，估算各种贬值率；确定住宅用途二手房实体性贬值时，需要考虑二手房使用权自动续期的影响，当二手房使用权自动续期时，可以根据二手房的经济寿命年限确定其贬值额。

任务4-1 企业土地使用权资产数据核验与分析

学习目标

1. 通过使用摩估云平台对企业土地使用权勘查资料及专项说明进行复核，并根据企业财务报表数进行修改和完善。

2. 能通过与企业资产管理人员进行集中或一对一的访问、交谈，补充企业土地使用权与申报表差异的证据，逐项验证所提供的资料，判断其可信、有效程度。

3. 能对询价记录与账面价值的差异进行分析，合理确定企业土地使用权价格。

4. 会按照评估数据应用场景的要求对土地使用权公允价值变动进行分析。

情境导入

祺祥公司为了实现引进战略投资者和扩大公司经营的战略目标，需要履行企业土地使用权数据核验与分析程序。公司战略规划部决定对企业土地使用权资产数据资料的"真实性、准确性和完整性"进行核验与分析，要求资产核验人员会使用摩估云平台对企业土地使用权资产权属文件、财务报表、会计凭证、价格信息以及专业报告等数据资料进行核验，并根据企业报表数据修改和完善资产评估申报明细表，为企业资产估值数据应用奠定基础。

任务布置

根据任务背景，祺祥公司资产核验人员李贺需要对李天收集的企业土地使用权数据资料和完成的现场工作进行核验与分析，完成企业土地使用权数据核验与分析任务程序。企业土地使用权资产数据核验与分析任务清单见表4-1。

表4-1 企业土地使用权资产数据核验与分析任务清单

编号	任务名称
1	检查数据采集人员已采集的土地使用权数据资料
2	检查数据采集人员已完成的土地使用权现场任务
3	补充完善企业申报表的土地使用权明细表
4	计算土地使用权案例的估值
5	编制企业土地使用权资产数据核验与分析程序表

业务要领

一、企业土地使用权资产数据核验

（一）企业土地使用权资产权属证明资料核验

（1）资产核验人员采用书面方式核验企业土地使用权资产权属证明资料的，应当查阅并核对企业土地使用权原件、复印件是否一致。

（2）如果发现土地使用权资产处于受理状态中的证明资料，资产核验人员可以到不动产所在地的市、县人民政府不动产登记机构查询评估对象权属证明资料并取得查询结果。

（3）如果发现企业土地没有办理土地使用权证，资产核验人员应当查验取得土地使用权的相关证明文件、发票以及合同等资料，并根据具体情况和重要性原则披露企业未办理产权证的原因、核验处理方法以及可能对评估结论产生的影响。

（二）企业土地使用权资产财务会计信息资料核验

（1）资产核验人员采用询问、书面审查、复核等方式对已经审计的财务报表及其附注核验土地使用权资产。同时，应当了解出具审计报告的会计师事务所的执业资质和独立性。

（2）资产核验人员采用询问、书面审查、复核等方式对未经审计的财务资料中土地使用权资产数据进行核验，应当对财务报表土地使用权资产数据与有关的账簿进行核对。根据重要性原则采用抽样方法对相关会计凭证进行查阅，结合对企业土地使用权资产现场勘查情况或者其他文件、证明和资料的核验，判断企业土地使用权评估申报明细表是否与企业财务数据一致。

（3）资产核验人员采用实地调查、书面审查等方式对土地使用权资产涉及的各类资料进行核验，应当将相关调查情况或者审查情况形成书面记录，由参与调查的人员签字确认。

（三）企业土地使用权资产其他相关资料核验

（1）资产核验人员采用询问、书面审查以及复核等方式对其他专业机构提供的土地使用权资产专业报告以及引用的土地使用权资产评估报告进行核验，应当了解专业机构的业务范围、执业资质以及独立性，检查企业土地使用权资产专业报告以及引用的土地使用权资产评估报告出具的时效性，分析是否满足企业土地使用权资产评估业务的需要。

（2）资产核验人员采用书面审查、查询等方式对企业土地使用权对外担保进行核验，应当获取企业出具土地使用权资产对外担保事项声明以及担保合同、协议等资料。

（3）资产核验人员采用书面审查、查询、复核等方式对企业土地使用权资产涉及的诉讼、仲裁进行核验，应当查阅有关单位出具的有关诉讼、仲裁事项声明书，并与公告或者网站披露的信息进行核对，以了解企业土地使用权资产诉讼、仲裁事项发生的背景、涉及的金额以及可能对评估结论产生的影响。

（4）资产核验人员采用书面审查方式对企业存在抵押的土地使用权资产进行核验，应当查阅企业提供的土地使用权资产抵押合同以及相关的主债权合同、抵押资产清单。

二、企业土地使用权资产数据分析

企业土地使用权资产数据分析主要是对企业土地使用权评估采用方法适当性分析，选用评估模型、评估参数合理性分析和评估结果差异性分析等内容。资产核验人员因对企业土地使用权资产评估采用不同方法，则对企业土地使用权资产数据分析内容有所差异。

（一）市场比较法

企业资产核验人员采用市场比较法评估企业土地使用权资产时，应当分析选择市场比较法评估土地使用权资产价值的适用性，同时对用作参照物的交易案例的交易情况、交易日期、区位状况、权益状况和实物状况等评估参数进行分析判断，编制土地使用权评估参数分析表。

（二）成本逼近法

企业资产核验人员采用成本逼近法评估企业土地使用权资产时，应当分析选择成本逼近法评估土地使用权资产价值的适用性，同时对土地补偿费、安置补助费、社会保障费、青苗补偿费、耕地占用税、耕地开垦费、土地剩余使用年限等评估参数进行合法、合理性分析判断，编制土地使用权评估参数分析表。

（三）收益还原法

企业资产核验人员采用收益还原法评估土地使用权资产时，应当分析选择收益还原法评估土地使用权资产价值的适用性，同时对土地未来收益、风险和收益年限等评估参数进行合法、合理性分析判断，编制土地使用权评估参数分析表。

（四）剩余法

企业资产核验人员采用剩余法评估土地使用权资产时，应当分析选择剩余法评估土地使用权资产价值的适用性，同时对开发完成后不动产状况所对应的价值、后续开发建设必要支出和应得利润与最佳开发方式等评估参数进行合法、合理性分析判断，编制土地使用权评估参数分析表。

（五）公示地价系数修正法

企业资产核验人员采用公示地价系数修正法评估土地使用权价值时，应当分析选择公示地价系数修正法评估土地使用权资产价值的适用性，同时对土地交易日期修正、区域因素修正、个别因素修正、使用年期修正和开发程度修正等评估参数进行合法、合理性分析判断，编制土地使用权资产评估参数分析表。

任务实施

一、业务流程

企业土地使用权资产数据核验与分析业务流程如图4-1所示。

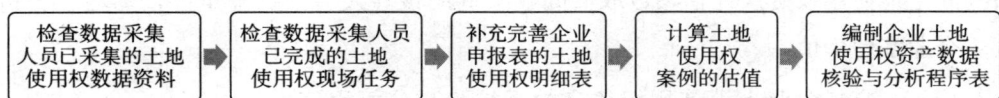

检查数据采集人员已采集的土地使用权数据资料 ➡ 检查数据采集人员已完成的土地使用权现场任务 ➡ 补充完善企业申报表的土地使用权明细表 ➡ 计算土地使用权案例的估值 ➡ 编制企业土地使用权资产数据核验与分析程序表

图4-1 企业土地使用权资产数据核验与分析业务流程

二、业务操作

（一）检查数据采集人员已采集的土地使用权数据资料

数据核验人员需要检查数据采集人员已采集的土地使用权数据资料，包括土地使用权证、土地出让合同和建设用地规划许可证、国有土地使用权证、集体土地所有权证、集体土地使用证、土地他项权利证明书、农村土地承包经营权证、用地通知书、国有建设用地出让合同、划拨决定书、不动产权证、土地使用权抵押登记证明等信息。尤其需要将土地使用权信息、土地使用权法律权属资料等进行对照，检查土地使用权数据资料的完整性和土地使用权的真实性。对于存在逻辑性错误或者不能相互印证的资料，数据核验人员需要及时向数据采集人员反馈，要求数据采集人员进一步核实相关情况，对采集的数据资料进行必要的补充。

（二）检查数据采集人员已完成的土地使用权现场任务

数据核验人员需要检查数据采集人员已完成的土地使用权现场任务，包括：土地使用权勘查表的填写是否完整，土地使用权勘查表的内容是否与核验后的数据资料匹配，土地使用权盘点表范围是否满足相关规定要求等。在检查土地使用权勘查表时，数据核验人员需要对勘查表的内容逐项进行检查。对于有误的内容，数据核验人员需要与数据采集人员进行沟通，根据核实后的信息更正有误的内容。

（三）补充完善企业申报表的土地使用权明细表

在核查完已上传的电子档案和填写的勘查表后，需要完善企业申报表，申报表需要补充的内容到"审计前账面值"一栏为止，如果无须补充信息的，可以进行留空。

（四）计算土地使用权案例的估值

资产核验人员考虑企业土地使用权持有目的，分析采用市场比较法、成本逼近法、收益还原法、剩余法和公示地价系数修正法的适当性。资产核验人员根据土地使用权现场勘查核验情况，按照《资产评估执业准则——不动产》，《城镇土地估价规程》和《国有建设用地使用权出让地价评估技术规范》（2018 年版）的规定，结合评估土地使用权资产的区位、用地性质、利用条件及当地土地市场状况，分析判断选择宗地采用评估方法和评估模型合理性。资产核验人员根据选定评估模型，分析判断土地使用权资产评估参数取值问题。资产核验人员依据确定评估参数，分析测算企业宗地价值。

（五）编制企业土地使用权资产数据核验与分析程序表

根据数据采集人员和数据核验人员已完成程序，对照土地使用权资产数据核验与分析程序表，再次核实土地使用权资产数据资料的核验与分析程序是否已经履行完毕。

任务评价

企业土地使用权资产数据核验与分析评价见表 4 – 2。

表 4 – 2　企业土地使用权资产数据核验与分析评价

评价对象：

编号	任务名称	分值	正确率/%	得分
1	检查数据采集人员已采集的土地使用权数据资料	20		
2	检查数据采集人员已完成的土地使用权现场任务	20		
3	补充完善企业申报表的土地使用权明细表	10		
4	计算土地使用权案例的估值	30		
5	编制企业土地使用权资产数据核验与分析程序表	20		
合计		100		

任务4-2 企业建筑物资产数据核验与分析

学习目标

1. 能核验已采集的建筑物资产数据资料。

2. 能核验已完成的现场勘查任务。

3. 能补充企业申报表中建筑物明细表的内容。

4. 能根据建筑物常见的估值计算公式，计算建筑物案例估值。

5. 能根据企业建筑物资产数据核验与分析程序表，检查建筑物核验与分析程序的完成度。

6. 能使用摩估云平台完成上述任务。

情境导入

祺祥公司为了实现引进战略投资者和扩大公司经营的战略目标，需要履行企业建筑物数据核验与分析程序。公司战略规划部决定对企业建筑物资产数据资料的真实性、准确性和完整性进行核验与分析。通过核验已采集的企业建筑物数据资料和已完成的现场任务，了解企业建筑物数据资料采集工作的完成度，掌握企业建筑物数据资料的真实性、准确性、完整性，分析企业建筑物的价值，为企业管理层落实建筑物处置、改造、抵押等管理决策提供数据支撑。

任务布置

根据任务背景，祺祥公司资产核验人员李贺需要对李天收集的企业建筑物数据资料和完成的现场工作执行建筑物资产数据核验与分析程序。企业建筑物资产数据核验与分析任务清单见表4-3。

表4-3 企业建筑物资产数据核验与分析任务清单

编号	任务名称
1	检查数据采集人员已采集的建筑物数据资料
2	检查数据采集人员已完成的建筑物现场任务
3	补充完善企业申报表的建筑物明细表
4	计算建筑物案例的估值
5	编制企业建筑物资产数据核验与分析程序表

业务要领

一、企业建筑物资产数据核验

（一）企业建筑物资产权属证明资料核验

（1）资产核验人员采用书面方式核验企业建筑物权属证明资料的，应当查阅并核对企业房产证原件、复印件是否一致。

（2）如果发现企业建筑物资产的证明资料处于受理状态，资产核验人员可以到不动产所在地的市、县人民政府不动产登记机构查询评估对象权属证明资料并取得查询结果。

（3）如果发现企业建筑物没有办理房产所有权证或不动产权证，资产核验人员应当查验企业取得建筑物的相关证明文件、发票以及合同等资料，并根据具体情况和重要性原则披露企业未办理产权证的原因、核验处理方法以及可能对评估结论产生的影响。

（二）企业建筑物资产财务会计信息资料核验

（1）资产核验人员通过多维度核查手段（包括实地访谈、书面文件审查、数据交叉复核等），对已审计的财务报表及其附注中披露的企业建筑物类固定资产开展专项核验，重点核实资产的存在性、权属完整性、计价准确性及折旧计提的合规性。同时，应当了解出具审计报告的会计师事务所的执业资质和独立性。

（2）资产核验人员采用询问、书面审查、复核等方式对未经审计的财务资料中企业建筑物资产数据进行核验，应当将财务报表固定资产中房屋建筑物资产数据与有关的账簿进行核对。根据重要性原则采用抽样方法对相关会计凭证进行查阅，结合对企业房屋建筑物资产现场勘查情况或者其他文件、证明和资料的核验，判断企业房屋建筑物评估申报明细表是否与企业财务数据一致。

（3）资产核验人员采用实地调查、书面审查等方式对企业房屋建筑物资产涉及的各类资料进行核验，应当将相关调查情况或者审查情况形成书面记录，由参与调查的人员签字确认。

（三）企业建筑物资产其他相关资料核验

（1）资产核验人员采用询问、书面审查以及复核等方式对其他专业机构提供的企业房屋建筑物资产专业报告以及引用的企业房屋建筑物资产评估报告进行核验，应当了解专业机构的业务范围、执业资质以及独立性，检查企业房屋建筑物资产专业报告以及引用的企业房屋建筑物资产评估报告出具的时效性,分析是否满足企业建筑物资产评估业务的需要。

(2)资产核验人员采用书面审查、查询等方式对企业房屋建筑物对外担保进行核验,应当获取企业出具的企业房屋建筑物资产对外担保事项声明以及担保合同、协议等资料。

(3)资产核验人员采用书面审查、查询、复核等方式对企业房屋建筑物资产涉及的诉讼、仲裁进行核验,应当查阅有关单位出具的房屋建筑物诉讼、仲裁事项声明书,并与公告或者网站披露的信息进行核对,以了解企业房屋建筑物资产诉讼、仲裁事项发生的背景、涉及的金额以及可能对评估结论产生的影响。

(4)资产核验人员采用书面审查方式对企业存在抵押的房屋建筑物资产进行核验,应当查阅企业提供的房屋建筑物资产抵押合同和相关的主债权合同、抵押资产清单以及说明。如果需要,可以向抵押单位查询。

二、企业建筑物资产数据分析

企业建筑物资产数据分析聚焦于评估方法适切性验证,通过系统评估模型的适用性、评估参数的合理性以及评估结果的差异性,确保资产估值的可靠性与公允性,为决策提供科学依据。资产核验人员因对企业建筑物资产评估采用不同方法,对企业建筑物资产数据分析内容有所差异。

(一)市场法

企业资产核验人员采用市场法评估企业房屋建筑物资产时,应当分析市场法评估企业房屋建筑物资产价值的适用性,同时对用作参照物的交易案例的交易情况、交易日期、区位状况、权益状况和实物状况等评估参数进行分析判断,编制企业建筑物评估参数分析表。

(二)成本法

企业资产核验人员采用成本法评估企业房屋建筑物资产时,应当分析成本法评估企业房屋建筑物资产价值的适用性,同时对建筑物补偿费、安置补助费、社会保障费、青苗补偿费、耕地占用税、耕地开垦费、建筑物剩余使用年限等评估参数进行合法、合理性分析判断,编制企业建筑物评估参数分析表。

(三)收益法

企业资产核验人员采用收益法评估企业房屋建筑物资产时,应当分析收益法评估企业建筑物资产价值的适用性,同时对房屋建筑物未来收益、风险和收益年限等评估参数进行合法、合理性分析判断，编制企业建筑物评估参数分析表。

任务实施

一、业务流程

企业建筑物资产数据核验与分析业务流程如图4-2所示。

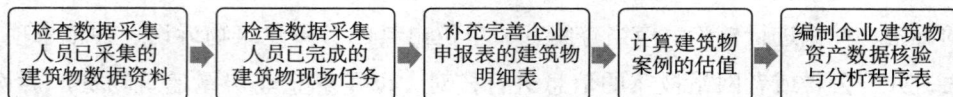

检查数据采集人员已采集的建筑物数据资料 ➡ 检查数据采集人员已完成的建筑物现场任务 ➡ 补充完善企业申报表的建筑物明细表 ➡ 计算建筑物案例的估值 ➡ 编制企业建筑物资产数据核验与分析程序表

图4-2 企业建筑物资产数据核验与分析业务流程

二、业务操作

（一）检查数据采集人员已采集的建筑物数据资料

数据核验人员需要检查数据采集人员已采集的建筑物数据资料，包括建筑物的权属信息资料、建筑物的会计信息资料和其他资料等。尤其需要将建筑物权属信息资料与现场勘查资料等进行对照，检查建筑物数据资料的完整性和建筑物的真实性。对于存在逻辑性错误或者不能相互印证的资料，数据核验人员需要及时向数据采集人员反馈，要求数据采集人员进一步核实相关情况，对采集的数据资料进行必要的补充。

（二）检查数据采集人员已完成的建筑物现场任务

数据核验人员需要检查数据采集人员已完成的建筑物现场任务，包括：建筑物勘查表的填写是否完整，建筑物勘查表的内容是否与核验后的数据资料匹配，建筑物盘点表范围是否满足相关规定要求。在检查建筑物勘查表时，数据核验人员需要对勘查表的内容逐项进行检查。对于有误的内容，数据核验人员需要与数据采集人员进行沟通，根据核实后的信息更正有误的内容。

（三）补充完善企业申报表的建筑物明细表

在核查完已上传的电子档案和填写的勘查表后，需要完善建筑物明细表。

（四）计算建筑物案例的估值

资产核验人员在核验完已采集的建筑物数据资料和已完成的建筑物现场任务，并补充完建筑物明细表后，根据估值目的和估值对象，针对建筑物案例的具体情况，选用合适的估值计算方法，计算案例估值。

（五）编制企业建筑物资产数据核验与分析程序表

数据采集人员和数据核验人员完成核验程序与分析程序以后，对照建筑物资产数据核验与分析程序表，再次核实建筑物数据资料的核验与分析程序是否已经履行完毕，根据程序的完成情况，在核验与分析程序表中，对已完成的程序填写"是"，对没有执行的程序填写"否"，对于不涉及或不符合该项目的内容在备注栏填写"不涉及"。

任务评价

企业建筑物资产数据核验与分析评价见表4-4。

表4-4　企业建筑物资产数据核验与分析评价

评价对象：

编号	任务名称	分值	正确率/%	得分
1	检查数据采集人员已采集的建筑物数据资料	20		
2	检查数据采集人员已完成的建筑物现场任务	20		
3	补充完善企业申报表的建筑物明细表	10		
4	计算建筑物案例的估值	30		
5	编制企业建筑物资产数据核验与分析程序表	20		
	合计	100		

任务4-3　企业二手房资产数据核验与分析

学习目标

1. 能核验已采集的二手房资产数据资料。

2. 能核验已完成的现场勘查任务和现场盘点任务。

3. 能补充企业申报表中二手房明细表的内容。

4. 能根据二手房常见的估值计算公式，计算二手房案例估值。

5. 能根据企业二手房资产数据核验与分析程序表，检查二手房核验与分析程序的完成度。

6. 能使用摩估云平台完成上述任务。

情境导入

祺祥公司为了实现引进战略投资者和扩大公司经营的战略目标，需要履行企业二手房数据核验与分析程序。公司战略规划部决定对企业二手房资产数据资料的"真实性、准确性和完整性"进行核验与分析。通过核验已采集的企业二手房数据资料和已完成的现场任务，了解企业二手房数据资料采集工作的完成度，掌握企业二手房数据资料的"真实性、准确性、完整性"，分析企业二手房的价值，为企业管理层落实二手房处置、改造、抵押等管理决策提供数据支撑。

任务布置

根据任务背景，祺祥公司资产核验人员李贺需要对李天收集的企业二手房数据资料和完成的现场工作进行二手房资产数据核验与分析，完成企业二手房资产数据核验与分析任务程序。企业二手房资产数据核验与分析任务清单见表4-5。

表4-5 企业二手房资产数据核验与分析任务清单

编号	任务名称
1	检查数据采集人员已采集的二手房数据资料
2	检查数据采集人员已完成的二手房现场任务
3	补充完善企业申报表的二手房明细表
4	计算二手房案例的估值
5	编制企业二手房资产数据核验与分析程序表

业务要领

一、企业二手房资产数据核验

（一）企业二手房资产权属证明资料核验

（1）资产核验人员采用书面方式核验企业二手房权属证明资料的，应当查阅并核对企业二手房房产证原件、复印件是否一致。

（2）如果发现企业二手房资产的证明资料处于受理状态，资产核验人员可以到不动产所在地的市、县人民政府不动产登记机构查询评估对象权属证明资料并取得查询结果。

（3）如果发现企业二手房没有办理房屋所有权证或不动产权证，资产核验人员应当查验企业取得二手房的相关证明文件、发票以及合同等资料，并根据具体情况和重要性原则披露企业未办理产权证的原因、核验处理方法以及可能对评估结论产生的影响。

（二）企业二手房资产财务会计信息核验

（1）资产核验人员通过实地访谈、文件审查、数据交叉复核等多元核查手段，对已审计财务报表及其附注中披露的企业二手房类固定资产实施专项核验，重点核实资产权属清晰性、账面价值公允性、交易合规性及产权状态完整性，确保资产信息真实可靠且符合财务披露要求。同时，应当了解出具审计报告的会计师事务所的执业资质和独立性。

（2）资产核验人员采用询问、书面审查、复核等方式对未经审计的财务资料中企业二手房资产数据进行核验，应当将财务报表固定资产中二手房资产数据与有关的账簿进行核对。根据重要性原则采用抽样方法对相关会计凭证进行查阅，结合对企业二手房资产现场勘查情况或者其他文件、证明和资料的核验，判断企业二手房评估申报明细表是否与企业财务数据一致。

（3）资产核验人员采用实地调查、书面审查等方式对企业二手房资产涉及的各类资料进行核验，应当将相关调查情况或者审查情况形成书面记录，由参与调查的人员签字确认。

（三）企业二手房资产其他相关资料核验

（1）资产核验人员采用询问、书面审查以及复核等方式对其他专业机构提供的企业二手房资产专业报告以及引用的企业二手房资产评估报告进行核验，应当了解专业机构的业务范围、执业资质以及独立性，检查企业二手房资产专业报告以及引用的企业二手房资产评估报告出具的时效性，分析是否满足企业二手房资产评估业务的需要。

（2）产核验人员采用书面审查、查询等方式对企业二手房对外担保进行核验，应当获取企业出具的企业二手房资产对外担保事项声明以及担保合同、协议等资料。

（3）资产核验人员采用书面审查、查询、复核等方式对企业二手房资产涉及的诉讼、仲裁进行核验，应当查阅有关单位出具的有关二手房诉讼、仲裁事项声明书，并与公告或者网站披露的信息进行核对，以了解企业二手房资产诉讼、仲裁事项发生的背景、涉及的金额以及可能对评估结论产生的影响。

（4）资产核验人员采用书面方式对企业存在抵押的二手房资产进行核验，应当查阅企业提供的二手房资产抵押合同及相关的主债权合同、抵押资产清单以及说明。如果需要，可以向抵押单位查询。

二、企业二手房资产数据分析

企业二手房资产数据分析主要包括对企业二手房资产评估采用估值方法适当性分析，选用估值模型、估值参数合理性分析和估值结果差异性分析等内容。资产核验人员因对企业二手房资产估值采用不同方法，对企业二手房资产数据分析内容有所差异。

71

（一）比较法

企业资产核验人员采用比较法评估企业二手房资产时，应当分析比较法评估企业二手房资产价值的适用性，同时对用作参照物的交易案例的交易情况、交易日期、区位状况、权益状况和实物状况等评估参数进行分析判断，编制企业二手房评估参数分析表。

（二）成本法

企业资产核验人员采用成本法评估企业二手房资产时，应当分析成本法评估企业二手房资产价值的适用性，同时对二手房补偿费、安置补助费、社会保障费、青苗补偿费、耕地占用税、耕地开垦费、二手房剩余使用年限等评估参数进行合法、合理性分析判断，编制企业二手房评估参数分析表。

（三）收益法

企业资产核验人员采用收益法评估企业二手房资产时，应当分析收益法评估企业二手房资产价值的适用性，同时对二手房未来收益、风险和收益年限等评估参数进行合法、合理性分析判断，编制企业二手房评估参数分析表。

任务实施

一、业务流程

企业二手房资产数据核验与分析业务流程如图 4-3 所示。

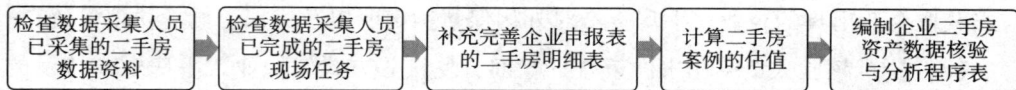

检查数据采集人员已采集的二手房数据资料 → 检查数据采集人员已完成的二手房现场任务 → 补充完善企业申报表的二手房明细表 → 计算二手房案例的估值 → 编制企业二手房资产数据核验与分析程序表

图 4-3 企业二手房资产数据核验与分析业务流程

二、业务操作

（一）检查数据采集人员已采集的二手房数据资料

数据核验人员需要检查数据采集人员已采集的二手房数据资料，包括：二手房资产权属证明资料、二手房会计信息资料、二手房其他资料等。尤其需要将二手房资产权属证明资料与现场勘查记录等资料进行对照，检查二手房数据资料的完整性和二手房的真实性。对于存在逻辑性错误或者不能相互印证的资料，数据核验人员需要及时向数据采集人员反馈，要求数据采集人员进一步核实相关情况，对采集的数据资料进行必要的补充。

（二）检查数据采集人员已完成的二手房现场任务

数据核验人员需要检查数据采集人员已完成的二手房现场任务，包括二手房勘查表的填写是否完整、二手房勘查表的内容是否与核验后的数据资料匹配、二手房盘点表是否满足相关规定要求。在检查二手房勘查表时，数据核验人员需要对勘查表的内容逐项进行检查。对于有误的内容，数据核验人员需要与数据采集人员进行沟通，根据核实后的信息更正有误的内容。

（三）补充完善企业申报表的二手房明细表

数据核验人员在核查完已上传的电子档案和填写的勘查表后，需要完善企业申报表的二手房明细表。

（四）计算二手房案例的估值

数据核验人员在检查完已采集的二手房数据资料和已完成的二手房现场任务，并补充完善二手房明细表后，根据估值目的和估值对象，针对二手房案例的具体情况，选用合适的估值计算方法，计算案例的估值。

（五）编制企业二手房资产数据核验与分析程序表

数据采集人员和数据核验人员在完成核验与分析程序以后，对照二手房资产数据核验与分析程序表，再次核实二手房数据资料的核验与分析程序是否已经履行完毕。根据程序的完成情况，在核验与分析程序表中，对已完成的程序填写"是"，对没有执行的程序填写"否"，对不涉及或不符合该项目的内容在备注栏填写"不涉及"。

任务评价

企业二手房资产数据核验与分析评价见表4-6。

表4-6 企业二手房资产数据核验与分析评价

评价对象：

编号	任务名称	分值	正确率/%	得分
1	检查数据采集人员已采集的二手房数据资料	20		
2	检查数据采集人员已完成的二手房现场任务	20		
3	补充完善企业申报表的二手房明细表	10		
4	计算二手房案例的估值	30		
5	编制企业二手房资产数据核验与分析程序表	20		
	合计	100		

项目小结

本项目主要包括企业土地使用权数据核验与分析、企业建筑物数据核验与分析、企业二手房数据核验与分析三个任务，各任务主要介绍了企业房地产的数据核验、资产分析与具体的操作流程等相关知识。

项目训练

【任务背景】

2020 年年末，鼎盛公司因现有业务发展限制了公司盈利能力，为谋求公司业务长远发展，公司股东会决定引进战略投资者，改善公司资本结构。为此，公司聘请中联公司对其在基准日 2020 年 12 月 31 日的整体资产和负债的市场价值进行评估。现在，中联公司正在对鼎盛公司的数据进行采集，并委派数据采集员到鼎盛公司协助相关部门完成数据采集任务。

【业务资料】

1. 数据采集员与生产部门的同事李大山对公司的土地使用权进行了现场勘查。

2. 李大山按照中联公司的资料清单，收集了宗地的相关资料，并在数据采集员的指导下将有关数据资料发送到摩估云系统。

【任务要求】

1. 请在摩估云平台的任务管理界面中，创建张国用（2008）第 070020 号（明细表序号 1）的宗地勘查任务。

2. 甄别已接收的数据资料，并根据上述业务资料，完成宗地勘查表。

3. 在宗地勘查表的下方，将合适的电子档案上传至对应的电子档案目录下。

项目5 企业无形资产数据核验与分析

项目导语

    无形资产数据的核验与分析旨在确保企业所持无形资产的真实性、准确性和完整性。通过对企业无形资产数据的核验，确保企业所拥有的专利、商标、著作权等无形资产信息的准确性，防止出现虚假登记、不当使用等行为。同时，通过对无形资产评估方法、评估模型、评估参数和评估结果的分析，可以帮助企业制定更为合理、有效的无形资产管理策略，提高企业无形资产的经济价值和社会价值，促进企业的高质量发展。

项目思维导图

企业无形资产数据核验与分析 —— 企业专利权资产数据核验与分析

知识准备

一、企业专利权资产数据核验与分析

（一）企业专利权资产数据核验

    企业专利权资产数据核验是指公司资产核验人员依据国家颁布实施的法律法规和公司内部管理要求对公司专利权资产有关文件、证明与资料的真实性、准确性、完整性进行核验。这些资料包括企业专利权资产权属证明资料、企业专利权资产相关财务会计信息资料、企业专利权资产其他相关资料等。

    1. 企业专利权资产权属证明资料核验

    企业专利权资产权属证明资料核验内容包括专利证书、专利登记簿副本、专利授权公告文本、专利年费收据等。

    专利证书是国家知识产权局颁发的证明专利权的文件。专利申请经审查、批准后，国家知识产权局应作出授予专利权的决定，发给专利证书。

    从一定意义上来说，专利登记簿副本是比专利证书更为重要的证据。因为，专

利登记簿副本记载了专利授权之后，专利权属状况发生的改变。专利登记簿副本核验内容包括：专利权的授予，专利申请权，专利权的转移，专利权的质押、保全及其解除，专利实施许可合同的备案，专利权的无效宣告，专利权的终止，专利权的恢复，专利实施的强制许可，专利权人姓名或者名称、国籍和地址的变更等。

专利授权公告文本指的是专利授权时的专利文件，专利授权公告文本核验内容包括：发明或实用新型的为权利要求书、说明书、摘要及摘要附图；外观设计的为公告授权的图片或照片及简要说明。

专利年费收据是专利持续有效的书面证明。专利年费收据核验内容包括交款人名称、缴费日期、缴款金额、申请号、财政部监制章、开票单位财务专用章等。

2. 企业专利权资产相关财务会计信息资料核验

企业专利权资产相关财务会计信息资料核验内容包括审计报告、已经审计的财务报表及其附注、未经审计的财务资料、会计凭证以及会计账簿等。

3. 企业专利权资产其他相关资料核验

企业专利权资产其他相关资料核验内容包括询价记录、交易案例、检查记录、鉴定报告、行业资讯、政府文件等。

（二）企业专利权资产数据分析

企业专利权资产数据分析是指公司资产核验人员依据国家颁布的法律法规和公司资产管理要求选用不同评估方法，选取相应的估值模型和参数进行分析、计算和判断，形成专利权资产测算结果，对形成的测算结果与账面价值进行比较分析，反映企业专利权资产管理效果，为企业专利权数据应用奠定基础。

企业专利权资产常用评估方法有收益法、成本法、市场比较法等。

1. 收益法

运用收益法对无形资产进行评估是一个完整的过程，这个过程需要考虑三个基本的影响要素，即被估无形资产带来的超额收益、这种收益的有效期限以及折现率和资本化率。如果这三个影响要素都可以顺利预测，则评估就可以顺利进行。

专利权收益法评估中的收益额是由无形资产带来的预期超额收益。将其以一定的折现率进行折现后的价值，就是无形资产的评估值。无形资产的预期收益受历史因素、现实因素和未来因素的共同影响。根据专利权资产转让计价方式的不同，收益法应用公式可以有两种不同的表示。

$$专利权评估值 = \sum_{i=1}^{n} \frac{K \times R_i}{(1+r)^i}$$

式中：K 为无形资产分成率；r 为折现率；R_i 为第 i 年使用无形资产带来的收益；i 为收益期限序号；n 为收益期限。

$$专利权评估值 = Y + \sum_{i=1}^{n} \frac{K \times R_i}{(1+r)^i}$$

式中：Y 为无形资产最低收费额；K 为无形资产分成率；r 为折现率；R_i 为第 i 年使用无形资产带来的收益；i 为收益期限序号；n 为收益期限。

2. 成本法

成本法通过分析重新开发出被评估专利技术所需花费的物化劳动来确定评估价值。企业合法取得专利技术过程中需支出的费用一般包括人工费用、调研咨询费、资产购置费、实验测试费、期间费用等，专利技术赋予企业的真实价值，与企业实际所支出费用之间通常对应关系较弱，故成本法评估通常适用于经营与收益之间不存在较稳定的对应关系，相应产品或服务价格市场性较弱的专利技术评估。专利权的成本费与专利权可以带来的额外收益没有必然的联系。评估专利权的重置成本，只要是为了向侵权者索赔，有时也可以依财务制度的规定按照成本摊销确定补偿。此外，当专利权的预期收益难以被测定，也没有什么依据表明预测收益的本金化价格将大大偏离重置成本时，重置成本可以作为专利权投资确定底价的参考因素。

重置成本法的基本计算公式为

$$专利权评估值 = 重置成本 \times 成新率$$

成本法应用于专利权资产的评估，重点在于分析计算其重置完全成本构成、数额以及相应的贬值率。

3. 市场比较法

市场比较法主要通过在活跃的专利技术市场或资本市场上选择相同或相似的专利技术作为参照物，同时针对各种价值影响因素（如专利的功能）进行类比，将被评估专利技术与参照物进行价格差异的比较调整，分析各项调整结果，从而确定专利技术的价值。使用市场比较法评估专利技术的必要前提包括：市场数据公开化程度较高，存在可比的专利技术，参照物的价值影响因素明确且能够量化等。

$$专利权评估值 = 可比交易实例价格 \times 交易情况修正系数 \times$$
$$交易日期修正系数 \times 个别因素修正系数$$

二、企业著作权资产数据核验与分析

（一）企业著作权资产数据核验

企业著作权资产数据核验是指公司资产核验人员依据国家颁布实施的法律法规

和公司内部管理要求对公司著作权资产有关文件、证明与资料的真实性、准确性、完整性进行核验。这些资料包括企业著作权资产权属证明资料、企业著作权资产相关财务会计信息资料、企业著作权资产其他相关资料等。

1. 企业著作权资产权属证明资料核验

企业著作权资产权属证明资料核验内容包括：软件著作权证书，软件著作权研发情况介绍，软件著作权研发人简介，软件著作权相关受理、转让、变更（合同）等法律文书及价款支付凭证、软件著作权文字说明等。

企业软件著作权的技术数据中软件著作权证明类数据主要通过非现场方式访问政府官方网站、行业协会网站、主流新闻媒体、数据库平台等渠道采集。其中，政府官方网站包括中国版权保护中心国家版权登记门户网（http://www.ccopyright.com.cn）等，数据库平台包括万得数据库（Wind）、中国经济与社会发展统计数据库、中国知网 CNKI 全文数据库、维普中文科技期刊数据库、百度文库、皮书数据库和 EPS 全球统计数据分析平台等。

2. 企业著作权资产相关财务会计信息资料核验

企业著作权资产相关财务会计信息资料核验内容包括：企业资产负债表、利润表，软件著作权研制开发费用、每年平均参与开发人员数量，近 3 年交纳的软件著作权申请费、维持费、年费等各项费用的发票等。

3. 企业著作权资产其他相关资料核验

企业著作权资产其他相关资料核验内容包括询价记录、交易案例、检查记录、鉴定报告、行业资讯、政府文件等。

（二）企业著作权资产数据分析

企业著作权资产数据分析是指公司资产核验人员依据国家颁布的法律法规和公司资产管理要求选用不同评估方法，选取相应的估值模型和参数进行分析、计算与判断，形成著作权资产测算结果，对形成的测算结果与账面价值进行比较分析，反映企业著作权资产管理效果，为企业著作权数据应用奠定基础。

著作权资产评估实质上也就是对和著作有关的经济权利的评估。著作权的种类有很多，下面以图书及计算机软件为例说明著作权资产评估的技术方法。

1. 图书著作权资产评估的技术方法

著作权由于具有不可复制性，在参照物的选择上比较困难，所以市场法的应用也受到了限制。按图书出版的惯例，一般有两种稿酬支付方式：一种是按照千字稿酬的方式支付，另一种则是按照版税的方式支付。而按照千字稿酬的方式支付就是市场法的应用。

采用收益法评估著作权资产时，主要考虑收益额、折现率和折现期三个指标。最难确定的是收益额，收益额取决于销售量、销售单价和版税，而销售单价、销售量和版税是相互影响的。一般情况下，图书的定价取决于图书的印刷成本、版税成本、发行成本和印刷数量的大小。此外，对于畅销的书籍，还要考虑国家法律对于盗版的打击力度以及读者对于盗版的态度。为了保障作者利益，有时候也可以采用千字稿酬加版税的方式，即出版社先按照千字稿酬的方式支付作者稿酬，出版社在加印时，再按照加印数量的销售额的一定比例支付给作者版税。

对于大多数图书而言，其发行和销售都有一个过程，此时就要严格按照收益法公式进行计算。

2. 计算机软件著作权资产评估的技术方法

计算机软件是作者将其思想通过计算机语言呈现出来的一种结果，属于著作权的一种，受著作的保护。随着计算机技术的迅猛发展和应用领域的极大拓展，计算机软件的重要性日益明显，保护其知识产权的呼声日益高涨，计算机软件的价值也越来越被人们重视。对计算机软件进行估价是美国 IBM（国际商业机器公司）于1968 年首先提出来的，IBM 提出了计算机软件的单独估价以及硬件与软件价格分离的政策。在此之后，其他一些国家也开始分离计算机软、硬件的价格，以进行计算机软件的评估。我国关于计算机软件的评估要晚于西方发达国家，由于我国现阶段正处于软件等高新技术起步建设阶段，面临与西方发达国家不同的评估背景，因此，在考虑评估方法时，应使评估标准、评估方法的选择与评估目的相匹配，从而使计算机软件的评估更切合实际。

在评估计算机软件价值时，应通过对软件类型、软件规模、软件所处生存阶段以及相应技术文档的确认与读取等过程，选择软件评估方法、评估公式中的参数，以确定软件价值构成。

对于大型系统软件，一般采用成本法进行评估。当需要为计算机软件产品定价，或者以计算机软件出资入股确定计算机软件价值时，也可以考虑采用成本法。

用成本法评估计算机软件价值时，具体可采用代码行成本估算法及参数成本法。

（1）代码行成本估算法。代码行成本估算法把研制费用与有效源代码行数的估算联系起来，用以下两个公式来计算软件成本和工作量：

$$C = L \times a$$
$$E = L \div P$$

式中：C 为计算机软件的成本；E 为工作量；a 为每代码行成本；L 为该软件有效代码行总数；P 为生产率（行/人·月）。

估算代码行可以采用经验估算和历史数据估算两种方法。所谓经验估算，即将所要估算的软件与一个类似的、已完成的程序进行比较，再对其统计行数进行适当调整，以反映两者的不同之处，当类似项目的历史数据有效时，采用这种方法的效率最高。采用历史数据估算代码行，还需要进行某些传统的编码工作才能实现实际的程序规模，费时费钱，一般情况下只在对非常重要的程序估算时才使用。

（2）参数成本法。在计算机软件价值评估实务中，通常还可以使用参数成本法，其基本计算公式为

$$P = C_1 + C_2$$

式中：P 为软件成本估算；C_1 为软件开发成本；C_2 为软件维护成本。

软件开发成本 C_1 由软件的工作量 M 和单位工作量成本 W 所决定：

$$C_1 = M \times W$$

工作量 M 为在现有条件下重新开发此软件所需要的工作量，可采用 Doty 模型来确定。该模型将软件产品按应用领域分为四类，代码分成两类，通过大量的统计调查，将样本数据用最小二乘法建立模型，不同的情况采用不同的估算方式，从而得出不同软件所需要的开发时间。

对于计算机软件市场、技术市场和资本市场较发达的国家与地区来说，市场法是一种常用的评估计算机软件价值的方法。这种评估方法主要是通过在计算机软件市场、技术市场或资本市场上选择相同或近似的资产作为参照物，针对各种价值影响因素（主要是计算机软件的功能）进行类比，将被评估计算机软件与参照物计算机软件进行价格差异的比较调整，分析各项调整结果，以确定评估软件的价值。

（1）直接比较法。当被评估软件在功能、外观、用途、系统条件以及成交时间与评估基准日等方面有相同的参照物时，可以采用直接比较法进行评估。

被评估软件的价值＝参照物的交易价格×被评估资产的成新率

（2）类比调整法。当市场上只能找到与被评估软件的功能、外观、用途、系统条件以及成交时间等方面相似的参照物时，可以采用类比调整法进行评估。

被评估软件的价值＝参照物的交易价格×综合调整系数×被评估资产的成新率

三、企业商标权资产数据核验与分析

（一）企业商标权资产数据核验

企业商标权资产数据核验是指公司资产核验人员依据国家颁布实施的法律法规

和公司内部管理要求对公司商标权资产有关文件、证明与资料的真实性、准确性、完整性进行核验。这些资料包括企业商标权资产权属证明资料、企业商标权资产相关财务会计信息资料、企业商标权资产其他相关资料等。

1. 企业商标权资产权属证明资料核验

企业商标权资产权属证明资料核验内容包括商标注册证书、商标注册簿、商标续展证明或商标续展注册申请书等。

商标注册证书是国家知识产权局依照《中华人民共和国商标法》（以下简称《商标法》）的有关规定，颁发给商标注册人以证明其商标专用权范围的法律文书。《商标注册证》上记载的主要内容有：商标（图样），商标注册号，商标注册人名义及地址，注册商标核定使用的商品或服务项目及其类别，商标专用权的起止日期（有效期）。

商标注册簿是国家知识产权局依法设置并保存的记载注册商标及有关注册事宜的法定工具，是注册商标法律效力的原始证据。商标的注册即指核准的商标和核定使用的商品在商标注册簿上登记。在商标注册簿上登记的项目主要有注册号、注册商标、核定商品、商品类别、有效期、续展有效期、注册人名义等。商标一经注册，标志着其商标专用权的产生，即为注册商标，注册人便享有商标专用权，受国家法律保护。

商标续展注册申请书是指注册商标所有人依法办理手续，延长注册商标的有效期限。《商标法》规定，注册商标的有效期为 10 年。注册商标有效期满后，商标所有人需继续使用该商标，则可在有效期限即将届满时办理续展手续，续展后不换发注册证，只是发给一个续展证明，原有的注册证与新核发的续展证明共同表明了该注册商标仍处于有效的法律状态。商标所有人申请续展注册，应在注册商标有效期届满前 6 个月内办理，向国家商标局递交商标续展注册申请书。

2. 企业商标权资产相关财务会计信息资料核验

企业商标权资产相关财务会计信息资料核验内容包括审计报告、已经审计的财务报表及其附注、未经审计的财务资料、会计凭证以及会计账簿等。

3. 企业商标权资产其他相关资料核验

企业商标权资产其他相关资料核验内容包括询价记录、交易案例、检查记录、鉴定报告、行业资讯、政府文件等。

（二）企业商标权资产数据分析

企业商标权资产数据分析是指公司资产核验人员依据国家颁布的法律法规和公

司资产管理要求选用不同评估方法，选取相应的估值模型和参数进行分析、计算与判断，形成商标权资产测算结果，对形成的测算结果与账面价值进行比较分析，反映企业商标权资产管理效果，为企业商标权数据应用奠定基础。

企业商标权资产常用评估方法有收益法、成本法、市场比较法等。

1. 收益法

商标权收益法评估中的收益额是由无形资产带来的预期超额收益。将其以一定的折现率进行折现后的价值，就是无形资产的评估值。无形资产的预期收益受历史因素、现实因素和未来因素的共同影响。根据商标权资产转让计价方式的不同，收益法应用公式可以有两种不同的表示。

2. 成本法

成本法通过分析重新开发出被评估商标技术所需花费的物化劳动来确定评估价值。企业合法取得商标权过程中需支出的费用一般包括人工费用、调研咨询费、购置费、实验测试费、期间费用等，商标权赋予企业的真实价值，与企业实际所支出费用之间通常对应关系较弱，故成本法评估通常适用于经营与收益之间不存在较稳定的对应关系，相应产品或服务价格市场性较弱的商标权评估。商标权的成本费与商标权可以带来的额外收益没有必然的联系。此外，当商标权的预期收益难以被测定，也没有什么依据表明预测收益的本金化价格将大大偏离重置成本时，重置成本可以作为商标权投资确定底价的参考因素。

重置成本法的基本计算公式为

$$商标权评估值 = 重置成本 \times 成新率$$

成本法应用于商标权资产的评估，重点在于分析计算其重置完全成本构成、数额以及相应的贬值率。

3. 市场比较法

市场比较法主要通过在活跃的商标技术市场或资本市场上选择相同或相似的商标技术作为参照物，同时针对各种价值影响因素（如商标的功能）进行类比，将被评估商标技术与参照物进行价格差异的比较调整，分析各项调整结果，从而确定商标权的价值。使用市场比较法评估商标权的必要前提包括：市场数据公开化程度较高；存在可比的商标权；参照物的价值影响因素明确且能够量化等。

$$商标权评估值 = 可比交易实例价格 \times 交易情况修正系数 \times$$
$$交易日期修正系数 \times 个别因素修正系数$$

任务　企业专利权资产数据核验与分析

学习目标

1. 能使用摩估云平台对企业专利权查验资料及专项说明进行复核，并根据企业财务报表数进行修改和完善。

2. 能通过与企业资产管理人员进行集中或一对一的访问、交谈，补充企业专利权与申报表差异的证据，逐项验证所提供的资料，判断其可信、有效程度。

3. 能对询价记录与账面价值的差异进行分析，合理确定专利权价格。

4. 能按照评估数据应用场景的要求对专利权公允价值变动进行分析。

情境导入

祺祥公司是一家新能源汽车零配件制造大中型企业。目前，我国新能源汽车市场持续向好，部分消费者开始转向购买新能源汽车，为此带动相关汽车零配件产业扩大发展。公司董事会于 2020 年初作出战略规划，公司战略规划部拟对公司的无形资产权属证明资料、财务报表、会计凭证、价格信息以及专业报告等进行核验与分析，为后续公司在科创板上市估值做准备。

任务布置

本任务是通过对公司无形资产数据核验，保障公司采集的无形资产权属文件、财务报表、会计凭证以及专业报告等数据资料的真实性、准确性和完整性，达到国家法律法规和政策文件关于无形资产评估要求。另外，通过对公司无形资产评估方法、评估模型、评估参数和评估结果进行分析，寻求公司无形资产管理有效途径，促进公司无形资产高质量发展。企业专利权资产数据核验与分析任务清单见表 5 - 1。

表 5 - 1　企业专利权资产数据核验与分析任务清单

编号	任务名称
1	填写专利权资产账账、账表核验记录表
2	填写专利权资产勘查核验表
3	补充企业专利权评估申报明细表
4	编制专利权资产评估参数分析表

编号	任务名称
5	编制专利权资产评估结果分析表
6	编制企业专利权资产数据核验与分析程序表

业务要领

一、企业专利权资产数据核验

（一）企业专利权资产权属证明资料核验

资产核验人员采用书面方式核验企业专利权权属证明资料的，应当查阅并核对企业专利证书原件、复印件是否一致。

除了检验专利证书外，还应检查专利登记簿副本。专利证书下发后，信息不会改变，专利权变更、转让、抵押在专利证书上不会体现，而专利登记簿副本是一种表明专利即时法律状态的证明，是专利证书的替代品，记录了专利的法律状态及其有关事项，专利权人的相关信息、专利权的状态是否变动、专利是否被无效宣告等都会记录在这个登记簿上。专利登记簿副本可以随时向国家知识产权局申请办理。通过查验专利登记簿副本，可以查验企业专利权的授予，专利申请权、专利权的转移，专利权的质押、保全及其解除，专利实施许可合同的备案，专利权的无效宣告，专利权的终止，专利权的恢复，专利实施的强制许可，专利权人姓名或者名称、国籍和地址的变更等信息是否与实际相一致。

还须检验专利年费缴款收据。按照《中华人民共和国专利法》的规定，自被授予专利权的当年开始，在专利权有效期内应逐年向专利局缴纳专利年费。如果没有按规定时间缴纳或者缴纳数额不足，且又未及时足额补缴年费及相应数额的滞纳金，将会丧失专利权。资产核验人员查验企业是否及时缴纳专利年费并取得缴款收据。如果检验了专利登记簿副本，则可以不检验年费收据。

（二）企业专利权资产财务会计信息资料核验

资产核验人员采用询问、书面审查、复核等方式对已经审计的财务报表及其附注核验专利权资产。同时，应当了解出具审计报告的会计师事务所的执业资质和独立性。

资产核验人员采用询问、书面审查、复核等方式对未经审计的财务资料中专利权资产数据进行核验，应当将财务报表专利权资产数据与有关的账簿进行核对。根据重要性原则采用抽样方法对相关会计凭证进行查阅，结合对企业专利权资产现场勘查情况或者其他文件、证明和资料的核验，判断企业专利权评估申报明细表是否与企业财务数据一致。

资产核验人员采用实地调查、书面审查等方式对专利权资产涉及的各类资料进行核验，应当将相关调查情况或者审查情况形成书面记录，由参与调查的人员签字确认。

（三）企业专利权资产其他相关资料核验

资产核验人员采用询问、书面审查以及复核等方式对其他专业机构提供的专利权资产专业报告以及引用的专利权资产评估报告进行核验，应当了解专业机构的业务范围、执业资质以及独立性，检查企业专利权资产专业报告以及引用的专利权资产评估报告出具的时效性，分析是否满足企业专利权资产评估业务的需要。

资产核验人员采用书面审查、查询等方式对企业专利权对外担保进行核验，应当获取企业出具的专利权资产对外担保事项声明以及担保合同、协议等资料。

资产核验人员采用书面审查、查询、复核等方式对企业专利权资产涉及的诉讼、仲裁进行核验，应当查阅有关单位出具的诉讼、仲裁事项声明书，并与公告或者网站披露的信息进行核对，以了解企业专利权资产诉讼、仲裁事项发生的背景、涉及的金额以及可能对评估结论产生的影响。

资产核验人员采用书面审查方式对企业存在抵押的专利权资产进行核验，应当查阅企业提供的专利权资产抵押合同以及相关的主债权合同、抵押资产清单以及说明。如果需要，可以向抵押单位进行查询。

二、企业专利权资产数据分析

企业专利权资产数据分析主要包括对专利权资产评估所采用方法的适当性分析，选用评估模型、评估参数的合理性分析和评估结果的差异性分析等内容。由于资产核验人员对企业专利权资产评估采用不同方法，因此对企业专利权资产数据分析内容存在差异。

（一）收益法

企业资产核验人员采用收益法评估专利权资产时，应当分析收益法评估专利权资产价值的适用性，同时对专利权未来收益、风险和收益年限等评估参数进行合法、合理性分析判断，编制专利权评估参数分析表。

（二）市场法

企业资产核验人员采用市场法评估专利权资产时，应当分析市场法评估专利权资产价值的适用性，同时对用作参照物的交易案例的交易情况、交易日期、权益状况和技术状况等评估参数进行分析判断，编制专利权评估参数分析表。

（三）成本法

企业资产核验人员采用成本法评估专利权资产时，应当分析成本法评估专利权资产价值的适用性，同时对取得专利权发生的各项费用支出、剩余使用年限等评估参数进行合法、合理性分析判断，编制专利权评估参数分析表。

任务实施

一、业务流程

企业专利权资产数据核验与分析业务流程如图 5-1 所示。

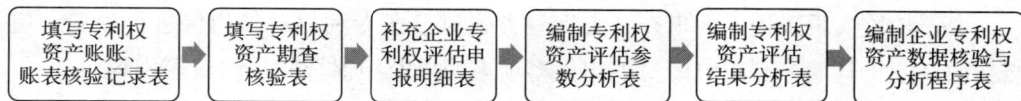

填写专利权资产账账、账表核验记录表 → 填写专利权资产勘查核验表 → 补充企业专利权评估申报明细表 → 编制专利权资产评估参数分析表 → 编制专利权资产评估结果分析表 → 编制企业专利权资产数据核验与分析程序表

图 5-1　企业专利权资产数据核验与分析业务流程

二、业务操作

（一）填写专利权资产账账、账表核验记录表

1. 取得公司账簿、财务报告、审计报告和专利权评估申报明细表

由于企业所拥有的专利权资产一般在无形资产科目中核算，因此，公司资产核验人员需要查阅公司评估基准日无形资产科目的明细账、总账、经审计的财务报表中专利权资产金额，并与专利权评估申报明细表进行核验；若公司财务报告未经审计，则增加核验专利权资产取得时原始凭证。

资产核验人员应通过查阅企业凭证、账簿、财务报告、审计报告和评估申报明细表等资料进行核验，完成企业专利权资产数据账账、账表核验记录表（表 5-2）的填写。

表 5-2　专利权资产数据账账、账表核验记录表　　　　单位：元

会计科目	账账核验			账表核验			
	明细账金额	总账金额	是否相符	账簿金额	报表金额	申报表金额	是否相符
无形资产							

资产核验人员：甲。

2. 填写专利权资产数据账账、账表核验记录表

如果公司资产核验人员在对公司专利权资产数据核验过程中，发现公司专利权资产数据存在账账、账表不符情况，就需要对专利权资产数据差异进行分析，寻找专利权资产数据存在差异的原因或理由。

（二）填写专利权资产勘查核验表

资产核验人员取得专利权资料和权属资料等，包括专利证书、专利登记簿副本、专利年费收据、专利权入账凭证、专利权购置合同、专利权发票和专利权盘盈盘亏确认表。

（1）专利证书核验内容包括：发明创造的专利名称，专利号，发明人、设计人的姓名，专利权人的姓名、名称，权利保护范围，授予专利的时间等。

（2）如果专利证书尚在办理过程中，可以在各专利检索网站下载授权公告文本进行查验。授权公告文本记载的是该专利的著录项目信息，如申请日、申请号、文献号、分类号、申请人、发明人、摘要、摘要附图等信息。

（3）资产核验人员查验企业是否及时缴纳专利年费并取得缴款收据。如果检验了专利登记簿副本，则可以不检验年费收据。

（三）补充企业专利权评估申报明细表

根据专利权评估现场勘查资料和勘查记录表数据，补充填写专利权评估申报明细表。

（四）编制专利权资产评估参数分析表

（1）资产核验人员考虑专利权持有目的，分析市场比较法、成本法、收益法适用性。

（2）资产核验人员根据专利权现场勘查核验情况，按照《资产评估执业准则——无形资产》的要求，结合评估专利权资产的技术情况、剩余年限等因素，选择评估方法和评估模型。

（3）资产核验人员根据选定评估模型，合理确定评估参数取值。

（4）资产核验人员依据确定评估参数，计算专利权价值。

（五）编制专利权资产评估结果分析表

（1）资产核验人员根据评估值，计算增值额和增值率，并填写专利权评估结果分析表。

（2）资产核验人员根据专利权评估结果对选用评估方法适用性、评估模型和评

估参数合理性进行分析，阐述公司专利权资产账面价值与评估价值差异对公司资产管理的作用和效果。

（六）编制企业专利权资产数据核验与分析程序表

资产核验人员根据公司专利权资产核验与分析操作过程，编制公司专利权资产核验与分析程序表，其目的是对公司专利权数据核验与分析过程进行完整性检查。

任务评价

企业专利权资产数据核验与分析评价见表5-3。

表5-3 企业专利权资产数据核验与分析评价

编号	任务名称	分值	正确率/%	得分
1	填写专利权资产账账、账表核验记录表	20		
2	填写专利权资产勘查核验表	15		
3	补充企业专利权评估申报明细表	15		
4	编制专利权资产评估参数分析表	10		
5	编制专利权资产评估结果分析表	10		
6	编制企业专利权资产数据核验与分析程序表	30		
	合计	100		

项目小结

本项目介绍了企业专利权数据核验与分析这一任务，该任务主要介绍了企业无形资产数据核验与分析、估值分析与具体的操作流程等相关知识。

项目训练

【任务背景】

2020年末，鼎盛公司因现有业务发展限制了公司盈利能力，为谋求公司业务长远发展，公司股东会决定引进战略投资者，改善公司资本结构。为此，公司聘请中联公司对其在基准日2020年12月31日的整体资产和负债的市场价值进行评估。现在，中联公司正在对鼎盛公司的数据进行采集，并委派数据采集员到鼎盛公司协助相关部门完成数据采集任务。

【业务资料】

1. 数据采集员与研发部门的同事张梅对公司的专利权资产进行了现场调查。

2. 张梅按照中联公司的资料清单，收集了专利权资产的相关资料，并在数据采集员的指导下将有关数据资料发送到摩估云系统。

【任务要求】

1. 请在摩估云平台的电子档案库中，甄别已接收的数据资料，并在电子档案库的适当电子档案目录下上传相应电子档案。

2. 在摩估云平台的任务管理中，对鼎盛公司全部的专利权资产创建盘点任务，并根据上述业务资料，完成专利权资产盘点任务。

项目6　估值数据在企业价值确认中的应用规范

项目导语

　　企业价值确认是资产评估的重要组成部分，对于企业的经营决策、投资决策以及资产交易等方面都具有重要意义。估值数据作为企业价值确认的核心依据，其质量直接关系到价值确认的准确性和可靠性。本项目旨在制定估值数据在企业价值确认中的应用规范，以确保企业价值评估的真实性、准确性和完整性，符合国家法律法规和政策文件的要求。通过对估值数据的核验、分析以及标准化处理，本项目将为企业提供一套科学、合理的估值数据应用体系，促进企业资产评估的规范化和高质量发展。

项目思维导图

估值数据在企业价值确认中的应用规范 ——— 资产评估报告解读

知识准备

一、资产评估相关概念

　　资产评估，是指评估机构及其评估专业人员根据委托对不动产、动产、无形资产、企业价值、资产损失或者其他经济权益进行评定、估算，并出具评估报告的专业服务行为。我国资产评估行业是在经济体制改革和对外开放政策背景下，为满足国有资产管理工作的需要而产生的，并走出了一条适合中国特色社会主义市场经济的评估服务专业之路，是一个极具发展潜力的行业，也是一个迫切需要发展的行业。

二、资产评估相关法规与准则

（一）评估法

　　《中华人民共和国资产评估法》（以下简称《资产评估法》）是为了规范资产评

估行为，保护资产评估当事人合法权益和公共利益，促进资产评估行业健康发展，维护社会主义市场经济秩序制定的法律，由第十二届全国人民代表大会常务委员会第二十一次会议于2016年7月2日通过，自2016年12月1日起施行。这是资产评估行业发展近30年出台的第一部法律，实现了资产评估行业依法发展的目标，对资产评估行业发展具有里程碑式的重要意义。

（二）监管部门的相关法规

自1989年开始，财政部、国有资产监督管理委员会、证监会等政府部门相继出台了多项行政法规，以条例、办法、实施细则、规定等形式对企业多项经济行为所涉及的资产评估活动进行了规定。

（三）资产评估准则

资产评估是具有较强专业性的工作，为规范资产评估行为，保证执业质量，明确执业责任，保护资产评估当事人的合法权益和公共利益，增强资产评估行业的公信力，世界各国评估行业都选择制定资产评估准则，从技术规范和职业道德等方面进行必要的规范。

我国的准则包括由财政部发布的《资产评估基本准则》以及中国资产评估协会发布的多项资产评估执业准则。

三、资产评估的八大要素

资产评估主要由八大要素组成，即资产评估的主体、客体、目的、标准、程序、方法、基准日和价值类型。

（一）评估主体

《资产评估法》规定资产评估机构及其评估专业人员是资产评估的主体。

（二）评估客体

评估客体是指资产评估的对象，即被评估的资产。

（三）评估目的

评估目的是指资产评估为哪一项经济业务服务，即需要进行资产评估的原因。

（四）评估标准

评估标准即资产评估依据的价格、技术等标准。

（五）评估程序

评估程序即资产评估具体进行的环节、步骤，需遵循法定的程序，它是规范、科学进行资产评估的必要条件。

（六）评估方法

评估过程需要科学的方法。整个资产评估工作是按一定程序系统进行的。

资产评估的要素是一个有机组成的整体，它们相互依托，相辅相成，缺一不可。而且，它们也是保证资产评估价值的合理性和科学性的重要条件。

（七）评估基准日

评估基准日即评估时所依据的时点。

（八）价值类型

评估的价值类型是对评估价值的质的规定，对不同的资产会有不同的价值类型。

四、资产评估报告

资产评估报告由资产评估报告的正文、资产评估说明、资产评估明细表和相关附件构成。本项目任务围绕"资产评估报告的正文及备查文件"的内容展开说明。

五、资产评估报告一般框架

目　录

声　明

摘　要

一、委托人、产权持有单位和资产评估委托合同约定的其他资产评估报告使用人概况

二、评估目的

三、评估对象

四、价值类型及其定义

五、评估基准日

六、评估依据

七、评估方法

八、评估程序实施过程和情况

九、评估假设

十、评估结论

十一、特别事项说明

任务 资产评估报告解读

学习目标

1. 能通过阅读评估报告确定估值的主体、客体、目的、标准、程序、方法、基准日和价值类型。

2. 能根据评估报告了解企业价值评估的主要方法及定价方法的选取依据。

3. 能根据评估报告了解和分析评估增减值的合理性。

4. 能根据评估结论对经济行为的实现进行分析，并根据评估结果为经济行为提供决策建议。

5. 能清晰、准确地陈述资产评估报告。

情境导入

紫林有限公司是一家以家庭日用产品研发、生产、销售为主要业务的公司，成立于2009年，注册资本2 000万元，近10年不断开拓创新，经营卓有成效。根据紫林有限公司领导班子会议纪要，委托人拟将部分紫林客运有限公司股权转让给欣华客运公司，并邀请第三方资产评估单位对其价值做整体评估。

任务布置

本任务是在获取资产评估报告后完成的，即对资产评估报告进行识读、辨别和应用。为此，资本运营部经理要将评估报告的基本信息识读出来，分别解析资产评估报告的基本要素，并了解其内涵，在正确识读基础上，核查基本内容的正确性，对评估结论的合理性进行分析。

资本运营部经理需要先对报告进行整体浏览，确定报告体例符合资产评估报告的编制要求；其次逐项识读评估报告的基本要素，对资产评估报告的基本信息和相关资产信息进行分析，核查报告披露的内容是否和企业的真实情况吻合且不存在不实的描述；最后对评估结论的合理性进行分析。资产评估报告解读任务清单见表6-1。

表 6-1 资产评估报告解读任务清单

编号	任务名称	
1	核查报告体例	了解评估报告体例
		对资产评估报告进行识读，判断是否符合资产评估报告的规范
2	核查资产评估报告八大要素	了解资产评估报告的基本要素
		对资产评估报告中披露的基本要素进行分析
3	分析资产评估结果	了解不同评估方法对应的结论内涵
		对资产评估结论进行分析

业务要领

资产评估报告的正文及备查文件的主要内容如下。

一、资产评估报告封面基本内容

资产评估报告封面须载明下列内容：资产评估项目名称、资产评估机构出具评估报告的编号、资产评估机构全称和评估报告提交日期等。有服务商标的，评估机构可以在报告封面载明其图形标志。

二、资产评估报告摘要的基本内容

每份资产评估报告的正文之前应有表达该报告关键内容的摘要，用来让各有关方面了解该评估报告的主要信息。该摘要与资产评估报告正文具有同等法律效力，由注册资产评估师、评估机构法定代表人及评估机构等签字盖章和署明提交日期。该摘要还必须与评估报告提示的结果一致，不得有误导性内容，并应当采用提醒文字提醒使用者阅读全文。

评估报告摘要披露的内容通常包括评估目的、评估对象和评估范围、价值类型、评估基准日、评估方法与评估结论。

资产评估专业人员还可以根据评估业务的性质、评估对象的复杂程度、委托人要求等，合理确定摘要中需要披露的其他信息。

三、资产评估报告正文的主要基本内容

（一）委托人及其他资产评估报告使用人

资产评估报告使用人包括委托人、资产评估委托合同中约定的其他资产评估报告使用人和法律、行政法规规定的资产评估报告使用人。在评估报告中应当阐明委托人和其他评估报告使用人的身份，包括名称或类型。

报告正文的委托方与资产占有方简介应较为详细地分别介绍委托方和资产占有方的情况。当委托方和资产占有方相同时，可作为资产占有方介绍，也要写明委托方和资产占有方之间的隶属关系或经济关系。无隶属关系或经济关系的，应写明发生评估的原因，当资产占有方为多家企业时，还须逐一介绍。

（二）评估目的

资产评估目的是指评估委托人要求对评估对象的价值进行评估后所要从事的行为。资产评估目的解决的是为什么要进行评估的问题，这是资产评估工作进入实质性阶段后首先考虑的重要因素。资产评估特定目的贯穿资产评估全过程，影响着资产评估专业人员对评估对象的界定、价值类型的选择等，是资产评估专业人员进行具体资产评估时必须首先明确的基本事项。资产评估报告载明的评估目的应当唯一，其结论是服务于评估目的的。

（三）评估对象和评估范围

资产评估报告中应当载明评估对象和评估范围，并描述评估对象的基本情况。

列出评估前的账面金额，评估资产为多家占有时应说明各自的份额及对应资产类型。

对于企业价值评估，评估对象可以分为两类，即企业整体价值和股东权益价值，对应的评估范围是评估对象涉及的资产或负债。将股东全部权益价值或股东部分权益价值作为评估对象，股东全部权益或股东部分权益涉及的法人资产和负债资产属于评估范围，其本身不是评估对象。

（四）价值类型

资产评估报告应当说明选择价值类型的理由，并明确其定义。一般情况下，可供选择的价值类型包括市场价值、投资价值、在用价值、清算价值和残余价值等。对于价值类型的选择、定义，可以参考《资产评估价值类型指导意见》。

（五）评估基准日

资产评估报告载明的评估基准日应当与资产评估委托合同约定的评估基准日保持一致，可以是过去、现在或者未来的某个时点。此外，应写明评估基准日的具体日期，说明确定评估基准日的理由和成立条件，揭示评估基准日对评估结果的影响程度。另外，还应对采用非基准日价格标准作出说明。评估基准日应根据经济行为的性质由委托方确定，并尽可能与评估目的实现日接近。

（六）评估依据

资产评估报告中应当说明资产评估采用的法律法规依据、准则依据、权属依据及取价依据等，并对评估中采用的特殊依据做相应的披露。

评估依据的披露应遵循以下原则。

评估依据的表述方式应当明确、具体，具有可验证性。任何评估报告阅读者可以根据评估报告中披露的评估依据的名称、发布时间或者文号找到相应的评估依据。例如，取价依据应披露为"《××省建筑工程综合预算定额》（××年）"，而不是"××省及××市建设、规划、物价等部门关于建设工程相关规费的规定"。

评估依据具有代表性，且评估基准日是有效的。作为评估依据，应当满足相关、合理、可靠和有效的要求。相关是指所收集的价格信息与需作出判断的资产具有较强的关联性；合理是指所收集的价格信息能够反映资产载体结构和市场结构特征，不能简单地用行业或社会平均的价格信息推理具有明显特殊性质的资产价值；可靠是指经过对信息来源和收集过程的质量控制，所收集的资料具有较高的置信度；有效是指所收集的资料能够有效地反映评估基准日资产在模拟条件下可能的价格水平。

（七）评估方法

应在这部分中说明评估过程中所选择、使用的评估方法和选择评估方法的依据或原因。对某项资产评估采用一种以上评估方法的还应说明原因并说明该资产价值的确定方法。对选择特殊评估方法的，也应介绍其原理及适用范围。

（八）评估程序实施过程和情况

资产评估报告应当说明资产评估程序实施过程中现场调查、收集整理评估资料、评定估算等主要内容，一般包括：接受项目委托，确定评估目的、评估对象与评估范围、评估基准日，拟订评估计划过程；指导被评估单位清查资产、准备评估资料，核实资产与验证资料等过程；选择评估方法、收集市场信息和估算过程；评估结论汇总、评估结论分析、撰写报告和内部审核等过程。

资产评估专业人员应当在遵守相关法律、法规和资产评估准则的基础上，根据委托人的要求，遵循各专业准则的具体规定，结合报告的繁简程度，合理确定评估程序实施过程和情况披露的详细程度。

（九）评估假设

资产评估专业人员应当合理使用评估假设，在具体的评估项目中使用的评估假设，需要与资产评估目的及其对评估市场条件的限定情况、评估对象自身的功能和在评估时点的使用方式和状态、产权变动后评估对象的可能用途及利用效果等相联系及匹配。同时，还应当按照资产评估报告的披露要求，在资产评估报告中披露所使用的资产评估假设，以使评估结论建立在合理的基础上，并使评估报告使用人能够正确理解和使用评估结论。

资产评估专业人员应当在评估报告中说明如果评估报告所披露的评估假设不成立，将对评估结论产生重大影响。

（十）评估结论

这部分是评估报告正文的重要部分，应使用表述性文字完整地叙述评估机构对评估结果发表的结论，对资产、负债、净资产的账面价值、调整后账面价值、评估价值及其增减幅度进行表述，还应单独列示不纳入评估汇总表的评估结果。

（十一）特殊事项说明

特殊事项是指在已确定评估结果的前提下，资产评估专业人员在评估过程中已发现可能影响评估结果，但非其执业水平和能力所能评定估算的有关事项。资产评估专业人员应提示评估报告使用者注意特别事项对评估结论的影响，还应提示其认为需要说明的其他事项。

（十二）评估报告使用限制说明

明确使用范围，委托人或者其他资产评估报告使用人未按照法律、行政法规规定和资产评估报告载明的使用范围使用资产评估报告的，资产评估机构及其资产评估专业人员不承担责任。

除委托人、资产评估委托合同中约定的其他资产评估报告使用人和法律、行政法规规定的资产评估报告使用人之外，其他任何机构和个人不能成为资产评估报告的使用人。

资产评估报告使用人应当正确理解和使用评估结论。评估结论不等同于评估对象可实现价格，评估结论不应当被认为是对评估对象可实现价格的保证。

资产评估报告由评估机构出具后，委托人、评估报告使用人可以根据所载明的评估目的和评估结论进行恰当、合理使用，如作为资产转让的作价基础，作为企业进行会计记录或调整账项的依据等。如果委托人或者评估报告使用人违反法律规定使用评估报告，或者不按照评估报告载明的使用范围使用评估报告，例如不按评估目的和用途使用或者超过有效期使用评估报告等，所产生的不利后果评估机构和评估专业人员不承担责任。

评估基准日期后重大事项。在这部分中，应揭示评估基准日后至评估报告提出日期间发生的重要事项，以及评估基准日的期后事项对评估结论的影响，还应说明发生在评估基准日期后不能直接使用评估结论的事项。

（十三）资产评估报告日

资产评估专业人员应当在评估报告中说明资产评估报告人。资产评估报告载明的资产评估报告日通常为评估结论形成的日期，这一日期可以不同于资产评估报告的签署日。评估报告原则上应在确定的评估基准日后三个月内提出。

（十四）资产评估专业人员签名和资产评估机构印章

应写明出具评估报告的机构名称并加盖公章，及评估机构法定代表人和至少两名负责评估的注册资产评估师签名盖章。

四、备查文件的基本内容

资产评估报告的附报文件至少包括如下基本内容。

（1）有关经济行为文件。

（2）资产评估立项批准文件。

（3）被评估企业前 3 年会计报表（至少包括企业资产负债表、损益表）。

（4）委托方与资产占有方营业执照复印件。

（5）产权证明文件复印件。

（6）委托方、资产占有方的承诺函。

（7）资产评估人员和评估机构的承诺函。

（8）资产评估机构资格证书复印件。

（9）评估机构营业执照复印件。

（10）参加本评估项目的人员名单。

（11）资产评估业务约定合同。

（12）重要合同。

（13）其他文件。

任务实施

一、业务流程

资产评估报告解读业务流程如图 6-1 所示。

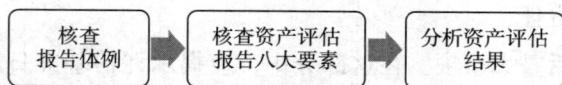

核查报告体例 → 核查资产评估报告八大要素 → 分析资产评估结果

图 6-1　资产评估报告解读业务流程

二、业务操作

（一）阅读评估报告，浏览整体体例，核查是否有遗漏或不符合规范体例的内容

（二）正确识读和分析评估报告基本要素

浏览评估报告，对八项基本要素进行识读，并结合企业的评估背景判断是否准确。

1. 评估主体

评估主体是中联公司。

2. 评估客体

评估客体是紫林客运有限公司。

3. 评估目的

委托人紫林有限公司为清退承保车辆，拟转让股权，中联公司为其提供评估对象的市场价值参考依据。

4. 评估程序

评估程序按照法定的程序进行，它是规范、科学地进行资产评估的必要条件。本项目的评估程序为：清查核实、实地查勘、市场调查和询证、评定估算等。

5. 评估标准

收益现值、现行市价。

6. 价值类型

本次评估的价值类型为市场价值。

7. 评估方法

收益法、资产基础法。

8. 评估基准日

本项目资产评估的基准日为 2019 年 10 月 31 日。

（三）明确评估对象、范围和评估结果，对结果进行分析

评估对象是紫林客运有限公司的股东全部权益价值。评估范围是紫林客运有限公司在评估基准日二〇一九年十月三十一日拥有的全部资产、负债，包括未在账面列示的整体无形资产。

评估结果如下。

1. 收益法

由于被评估单位具有完善的业务经营历史资料，稳定的业务渠道和收益来源，成熟的管理团队，在现有经营管理模式下，被评估资产在可见未来具有可持续获取收益的能力，其相关的收入、成本、费用，以及投资计划、经营风险等因素可以进行预测并用货币来量化，即评估对象未来年度的收益与风险可以可靠地估计，而且其预期获利年限也可以被合理预测，故可以采用收益法评估。

采用收益法进行评估，结果如下：

账面值为人民币壹佰壹拾捌万柒仟元 RMB 118.70 万元；

评估值为人民币壹佰贰拾捌万贰仟贰佰元 RMB 128.22 万元；

评估增值为人民币玖万伍仟贰佰元 RMB 9.52 万元，增值率 8.02%。

2. 资产基础法

由于被评估单位的各项资产、负债购建、形成资料齐备，主要资产处于持续使用当中，同时可以在市场上取得购建类似资产的市场价格信息，因此满足采用资产基础法评估的要求。资产基础法从企业购建角度反映了企业的价值，也为经济行为实现后被评估单位的经营管理提供了依据，故可以采用资产基础法进行评估。

采用资产基础法进行评估，结果如下。

资产总计：账面值为人民币捌佰贰拾肆万柒仟肆佰元 RMB 824.74 万元；评估值为人民币捌佰壹拾壹万零壹佰元 RMB 811.01 万元；评估减值为人民币壹拾叁万柒仟叁佰元 RMB 13.73 万元，减值率 1.66%。

负债总计：账面值为人民币柒佰零陆万零肆佰元 RMB 706.04 万元；评估值为人民币柒佰零陆万零肆佰元 RMB 706.04 万元，评估无增减。

所有者权益（净资产）：账面值为人民币壹佰壹拾捌万柒仟元 RMB 118.70 万元；评估值为人民币壹佰零肆万玖仟柒佰元 RMB 104.97 万元；评估减值为人民币壹拾叁万柒仟叁佰元 RMB 13.73 万元，减值率 11.57%。

鉴于本次评估目的是转让股权，本评估报告采用收益法的评估结果作为评估结论。

在本次评估目的下，基于被评估单位管理层对未来发展趋势的判断及经营规划，紫林客运有限公司的股东全部权益价值于评估基准日二〇一九年十月三十一日的市场价值评估结论为人民币壹佰贰拾捌万贰仟贰佰元 RMB 128.22 万元。

任务评价

资产评估报告解读评价见表 6 – 2。

表 6 – 2   资产评估报告解读评价

编号	工作内容清单		分值	正确率/%	得分
1	核查	核查报告体例	正确判断报告体例是否完整	20		
2	核查	核查资产评估报告八大要素	正确识读评估主体	5		
			正确识读评估客体	5		
			正确识读评估目的	5		
			正确识读评估标准	5		
			正确识读评估程序	5		
			正确识读评估方法	5		
			正确识读评估基准日	5		
			正确判断评估价值类型	5		
3	分析	分析资产评估结果	分析评估方法对应的评估结果	20		
			分析评估结果的内涵	20		
合计			100		

项目小结

本项目中，中联公司接受紫林有限公司的委托，对紫林客运有限公司的股东全部权益价值进行评估，并出具了资产评估报告。紫林客运有限公司资本运营部经理收到了该资产评估报告，需要识读资产评估报告的基本信息，并辨别其中披露的信息是否正确，简单判断分析评估结论的合理性。

项目训练

一、单选题

资产评估报告正文不包括（　　）。

A. 价值类型   B. 资产评估报告日

C. 评估报告声明   D. 评估对象和评估范围

E. 特别事项说明

二、多选题

下列关于国有资产评估业务对评估结论披露内容要求的说法，正确的有（   ）。

A. 采用资产基础法进行企业价值评估，只需要以文字形式说明资产、负债、所有者权益（净资产）的账面价值、评估价值及其增减幅度

B. 单项资产或者资产组合评估，应当以文字形式说明账面价值、评估价值及其增减幅度，并同时采用评估结论汇总表反映评估结论

C. 采用两种以上方法进行企业价值评估，除单独说明评估价值和增减变动幅度外，还应当说明两种以上评估方法结果的差异及其原因和最终确定评估结论的理由

D. 存在多家被评估单位的项目，应当分别说明评估价值

E. 评估结论为区间值的，应当在区间之内确定一个最大可能值，并说明确定依据

三、判断题

判定一份评估报告是否提供了必要的信息，就要看不懂评估专业知识的评估报告使用人在阅读评估报告后能否对评估结论有正确的理解。（   ）

项目7 企业财务管理和资产管理数据估值

项目导语

　　企业估值是指运用不同的财务分析方法对企业数据进行分析；清产核资是指国有资产监督管理机构根据国家专项工作要求或者企业特定经济行为需要，按照规定的工作程序、方法和政策，组织企业进行账务清理、财产清查，并依法认定企业的各项资产损溢，从而真实反映企业的资产价值和重新核定企业国有资本金的活动。企业清产核资的目的是真实反映企业的资产及财务状况，为科学地评价国有资产保值增值提供依据。

项目思维导图

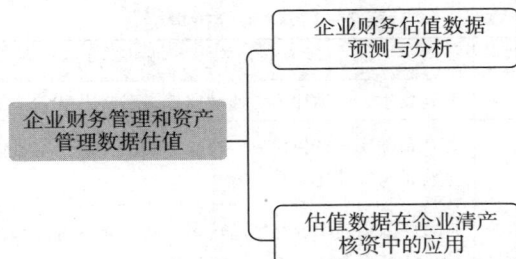

```
                              ┌──────────────────┐
                              │ 企业财务估值数据    │
                              │  预测与分析        │
                              └──────────────────┘
┌──────────────────┐
│ 企业财务管理和资产 │ ─┤
│ 管理数据估值       │
└──────────────────┘
                              ┌──────────────────┐
                              │ 估值数据在企业清产  │
                              │  核资中的应用       │
                              └──────────────────┘
```

知识准备

一、企业财务管理数据估值

（一）财务分析的方法

1. 比较分析法

比较分析法，是对两个或几个有关的可比数据进行对比，从而揭示存在的趋势或差异的一种方法。比较分析法的类别如图 7-1 所示。

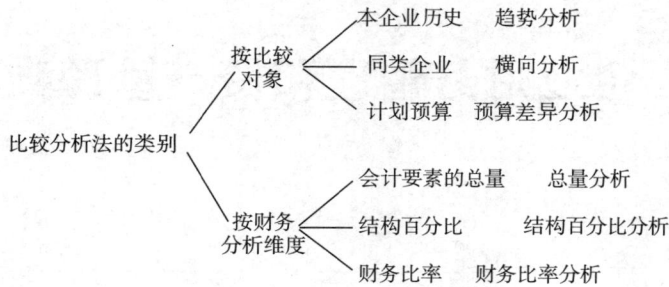

图7-1 比较分析法的类别

2. 因素分析法

因素分析法，是将财务指标分解为各个可以计量的驱动因素，依据财务指标与其驱动因素之间的关系，从数量上确定各因素对指标影响程度的一种方法。其主要方法包括连环替代法和差额分析法。

（二）财务分析指标

财务分析指标见表7-1。

表7-1 财务分析指标

序号	指标大类	财务指标
1	短期偿债能力	营运资本、流动比率、速动比率、现金比率、现金流量比率等
2	长期偿债能力	资产负债率、产权比率、权益乘数、长期资本负债率、利息保障倍数、现金流量与负债比率等
3	营运能力	应收账款周转率、存货周转率、流动资产周转率、非流动资产周转率、总资产周转率等
4	盈利能力	营业净利率、总资产净利率、权益净利率
5	成长能力	营业收入增长率、资本保值增值率、资本积累率、总资产增长率、营业利润增长率等

1. 短期偿债能力

1）营运资本

（1）偿债能力。衡量偿债能力的方法有两种：一种是基于静态角度，比较可供偿债资产与债务的存量，资产存量超过债务存量较多，则认为偿债能力较强；另一种是基于动态角度，比较经营活动现金流量和偿债所需现金，如果产生的现金超过需要的现金较多，则认为偿债能力较强。

（2）可偿债资产与短期债务的存量比较。可偿债资产的存量即指资产负债表中列示的流动资产年末余额；短期债务的存量指资产负债表中列示的流动负债年末余额。两者加以比较可以反映短期偿债能力。两者之差即为营运资本：

$$营运资本 = 流动资产 - 流动负债 = 长期资本 - 长期资产$$

营运资本的数额越大，财务状况越稳定，对流动负债的偿还能力越强，当然，营运资本也不是越多越好，流动性强的资产盈利性较差。营运资本也有其局限性，因为它是绝对数，不便不同历史时期及不同企业之间的比较。

2）短期债务的存量比率

流动比率：

$$流动比率 = 流动资产 \div 流动负债$$

指标含义：假设全部流动资产都可用于偿还流动负债，表明每1元流动负债有多少流动资产作为偿债保障。

分析要点如下。

（1）流动比率是相对数，排除了企业规模的影响，更适合同业比较以及本企业不同历史时期的比较。

（2）不存在统一、标准的流动比率数值：营业周期越短的行业，合理的流动比率越低。

（3）为了考察流动资产的变现能力，有时还需要分析其周转率（即变现质量）。

（4）局限性：①假设全部流动资产都可以变为现金并用于偿债，全部流动负债都需要还清。实际上，经营性流动资产是企业持续经营所必需的，不能全部用于偿债；经营性应付项目可以滚动存续，无须动用现金全部结清。②有些流动资产的账面金额与变现金额有较大差异，如产成品等。

速动比率：

$$速动比率 = 速动资产 \div 流动负债$$

速动资产：指可以在短时间内变现，转变为现金不超过一个步骤的资产，包括货币资金、经营性金融资产、各种应收款项等。

指标含义：假设速动资产是可偿债资产，表明每1元流动负债有多少速动资产作为偿债保障。

分析要点如下。

（1）不同行业的速动比率差别很大，如大量现金销售的商店＜应收账款较多的企业。

（2）影响速动比率可信性的重要因素：应收款项的变现能力。

账面上的应收款项未必都能收回变现，实际坏账可能比计提的准备要多；季节性的变化可能使报表上的应收款项金额不能反映平均水平。

现金比率：

$$现金比率 = 货币资金 ÷ 流动负债$$

指标含义：假设现金是可偿债资产，表明每 1 元流动负债有多少现金作为偿债保障。

总结：一般情况下，对于同一企业而言，

$$流动比率 > 速动比率 > 现金比率$$

3）现金流量比率

现金流量比率：

$$现金流量比率 = 经营活动现金流量净额 ÷ 流动负债$$

指标含义：表明每 1 元流动负债有多少经营活动现金流量作为保障。

数据口径如下。

（1）该比率中的经营活动现金流量净额采用"经营活动产生的现金流量净额"，它代表企业创造现金的能力，且扣除了经营活动自身所需的现金流出，是可以用来偿债的现金流量。

（2）该比率中的流动负债采用期末数而非平均数，因为实际需要偿还的是期末金额，而非平均金额。

相对于存量比率，现金流量比率更具说服力。

该比率克服了可偿债资产未考虑未来变化及变现能力的问题。

实际用以支付债务的通常是现金，而不是其他可偿债资产。

4）影响短期偿债能力的其他因素

影响短期偿债能力的其他因素（表外因素）如图 7 - 2 所示。

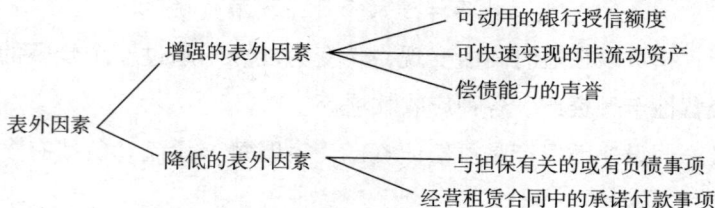

图 7 - 2　影响短期偿债能力的其他因素（表外因素）

2. 长期偿债能力

总债务存量比率如下。

资产负债率：

$$资产负债率 = 负债总额 ÷ 资产总额 × 100\%$$

指标含义：反映总资产中有多大比例是通过负债取得的，它可用于衡量企业清算时对债权人利益的保障程度。

资产负债率还有两种表现形式：产权比率和权益乘数。

$$产权比率 = 负债总额 \div 股东权益$$

指标含义：表明每 1 元股东权益配套的总负债的金额。

$$权益乘数 = 资产总额 \div 股东权益$$

指标含义：表明每 1 元股东权益配套的总资产的金额。

三个指标间的换算关系如下：

$$权益乘数 = 1 \div (1 - 资产负债率) = 1 + 产权比率$$

三者是同向变动的，如果一个指标达到最大，另外两个指标也达到最大。

长期资本负债率：

$$长期资本负债率 = 非流动负债 \div (非流动负债 + 股东权益) \times 100\%$$

指标含义：表示非流动负债占长期资本的百分比，是反映企业（狭义）资本结构的一种形式。

$$总债务流量比率 - 付息能力 = 指标$$

利息保障倍数：

$$利息保障倍数 = 息税前利润 \div 利息费用$$

$$= (净利润 + 所得税费用 + 利息费用) \div 利息费用$$

指标含义：表明每 1 元利息费用要多少倍的息税前利润作为偿付保障。如果一个企业一直保持按时付息的信誉，则长期负债可以延续，举借新债也比较容易。

现金流量利息保障倍数：

$$现金流量利息保障倍数 = 经营活动现金流量净额 \div 利息费用$$

指标含义：表明每 1 元利息费用有多少倍的经营活动现金流量净额作为支付保障。

现金流量与负债比率：

$$现金流量与负债比率 = 经营活动现金流量净额 \div 负债总额 \times 100\%$$

指标含义：表明企业用经营活动现金流量净额偿付全部债务的能力。

影响长期偿债能力的其他因素如下。

长期经营租赁：当企业的经营租赁额比较大、期限比较长或具有经常性时，就形成了一种长期性融资。

债务担保：在分析企业长期偿债能力时，应根据有关资料判断担保责任带来的潜在长期负债问题。

未决诉讼：未决诉讼一旦判决败诉，可能会影响企业的偿债能力。

3. 营运能力

应收账款周转率：

$$应收账款周转率 = 营业收入 \div 应收账款$$

存货周转率：

$$存货周转率 = 营业收入 \div 存货$$

流动资产周转率：

$$流动资产周转率 = 营业收入 \div 流动资产$$

非流动资产周转率：

$$非流动资产周转率 = 营业收入 \div 非流动资产$$

总资产周转率：

$$总资产周转率 = 营业收入 \div 总资产$$

4. 盈利能力

营业净利率：

$$营业净利率 = 净利润 \div 营业收入 \times 100\%$$

指标含义：反映每 1 元营业收入与其成本费用之间可以挤出来的净利润，反映产品最终的盈利能力。

总资产净利率：

$$总资产净利率 = 净利润 \div 总资产 \times 100\%$$

指标含义：反映每 1 元总资产创造的净利润，衡量企业资产的盈利能力。

权益净利率：

$$权益净利率 = 净利润 \div 股东权益 \times 100\%$$

指标含义：反映每 1 元股东权益赚取的净利润，可以衡量企业的总体盈利能力。

5. 成长能力

营业收入增长率：

$$营业收入增长率 = 当年营业收入增长额 \div 上年营业收入总额 \times 100\%$$

式中：当年营业收入增长额 = 当年营业收入总额 − 上年营业收入总额。

指标含义：营业收入增长率大于零，表明企业当年营业收入有所增长。该指标值越高，表明企业营业收入的增长速度越快，企业市场前景越好。

资本保值增值率：

$$资本保值增值率 = 扣除客观因素后的本年末所有者$$

权益总额/年初所有者权益总额×100%

指标含义：反映企业当年资本在企业自身努力下实际增减变动的情况。资本保值增值率越高，表明企业的资本保全状况越好，所有者权益增长越快，债权人的债务越有保障。该指标通常应当大于100%。

资本积累率：

资本积累率＝当年所有者权益增长额/年初所有者权益×100%

指标含义：指企业当年所有者权益增长额与年初所有者权益的比率，反映企业当年资本的积累能力。资本积累率越高，表明企业的资本积累越多，应对风险、持续发展的能力越强。

总资产增长率：

总资产增长率＝当年总资产增长额/年初资产总额×100%

式中：当年总资产增长额＝年末资产总额－年初资产总额。

指标含义：反映企业本期资产规模的增长情况。总资产增长率越高，表明企业一定时期内资产经营规模扩张的速度越快。但在分析时，需要关注资产规模扩张的质和量的关系，以及企业的后续发展能力，避免盲目扩张。

营业利润增长率：

营业利润增长率＝当年营业利润增长额/上年营业利润总额×100%

式中：当年营业利润增长额＝当年营业利润总额－上年营业利润总额。

二、资产管理数据估值

（一）清产核资的内容

清产核资主要包括账务清理、资产清查、价值重估、损溢认定、资金核实和完善制度等内容。

（1）账务清理：是指对企业的各种银行账户、会计核算科目、各类库存现金和有价证券等基本财务情况进行全面核对与清理，以及对企业的各项内部资金往来进行全面核对和清理，以保证企业账账相符、账证相符，并确保企业账务的全面、准确和真实。

（2）资产清查：是指对企业的各项资产进行全面的清理、核对和查实。

（3）价值重估：是指对企业账面价值和实际价值背离较大的主要固定资产与流动资产按照国家规定的方法、标准进行重新估价。

（4）损溢认定：是指国有资产监督管理机构依据国家清产核资政策和有关财务会计制度规定，对企业申报的各项资产损溢和资金挂账进行认证。

（5）资金核实：是指国有资产监督管理机构根据企业上报的资产盘盈和资产损失、资金挂账等清产核资工作结果，依据国家清产核资政策和有关财务会计制度规定，组织进行审核并批复准予账务处理，重新核定企业实际占用的国有资本金数额。

（6）完善制度：是指完善企业的有关财务会计等制度。

（二）清产核资的程序

（1）企业清产核资除国家另有规定外，应当按照下列程序进行：企业提出申请；国有资产监督管理机构批复同意立项；企业制订工作实施方案，并组织账务清理、资产清查等工作；聘请社会中介机构对清产核资结果进行专项财务审计和对有关损溢提出鉴证证明；企业上报清产核资工作结果报告及社会中介机构专项审计报告；国有资产监督管理机构对资产损溢进行认定，对资金核实结果进行批复；企业根据清产核资资金核实结果批复调账；企业办理相关产权变更登记和工商变更登记；企业完善各项规章制度。

（2）所出资企业由于国有产权转让、出售等发生控股权转移等产权重大变动需要开展清产核资的，由同级国有资产监督管理机构组织实施并负责委托社会中介机构。

（3）子企业由于国有产权转让、出售等发生控股权转移等重大产权变动的，可以由所出资企业自行组织开展清产核资工作。对有关资产损溢和资金挂账的处理，按规定程序申报批准。

（4）企业清产核资申请报告应当说明清产核资的原因、范围、组织和步骤及工作基准日。

对企业提出的清产核资申请，同级国有资产监督管理机构根据《国有企业清产核资办法》和国家有关规定进行审核，经同意后批复企业开展清产核资工作。

（三）清产核资办理步骤

（1）指定内设的财务管理机构、资产管理机构或者多个部门组成的清产核资临时办事机构，统称清产核资机构：①负责具体组织清产核资工作。②制订本企业的清产核资实施方案。③聘请符合资质条件的社会中介机构。④按照清产核资工作的内容和要求具体组织实施各项工作。⑤向同级国有资产监督管理机构报送由企业法人代表签字、加盖公章的清产核资工作结果申报材料。

（2）企业清产核资实施方案以及所聘社会中介机构的名单和资质情况应当报同级国有资产监督管理机构备案。

（3）企业清产核资工作结果申报材料主要包括下列内容。

①清产核资工作报告。其主要反映本企业的清产核资工作基本情况，包括：企业清产核资的工作基准日、范围、内容、结果，以及基准日资产及财务状况。②按规定表式和软件填报的清产核资报表及相关材料。③需申报处理的资产损溢和资金挂账等情况，相关材料应当单独汇编成册，并附有关原始凭证资料和具有法律效力的证明材料。④子企业是股份制企业的，还应当附送经该企业董事会或者股东会同意对清产核资损溢进行处理的书面证明材料。⑤社会中介机构根据企业清产核资的结果，出具经注册会计师签字的清产核资专项财务审计报告并编制清产核资后的企业会计报表。

（4）其他需提供的备查材料如下。

①国有资产监督管理机构收到企业报送的清产核资工作结果申报材料后，应当进行认真核实，在规定时限内出具清产核资资金核实的批复文件。②企业应当按照国有资产监督管理机构的清产核资批复文件，对企业进行账务处理，并将账务处理结果报国有资产监督管理机构备案。③企业在接到清产核资的批复30个工作日内，应当到同级国有资产监督管理机构办理相应的产权变更登记手续，涉及企业注册资本变动的，应当在规定的时间内到市场监督管理部门办理工商变更登记手续。

（四）参与组织

（1）企业清产核资工作按照统一规范、分级管理的原则，由同级国有资产监督管理机构组织指导和监督检查。

（2）各级国有资产监督管理机构负责本级人民政府批准或者交办的企业清产核资组织工作。

（3）国务院国有资产监督管理委员会在企业清产核资中履行下列职责：①制定全国企业清产核资规章、制度和办法；②负责所出资企业清产核资工作的组织指导和监督检查；③负责对所出资企业的各项资产损溢进行认定，并对企业占用的国有资本进行核实；④指导地方国有资产监督管理机构开展企业清产核资工作。

（4）地方国有资产监督管理机构在企业清产核资中履行下列监管职责：依据国家有关清产核资规章、制度、办法和规定的工作程序，负责本级人民政府所出资企业清产核资工作的组织指导和监督检查；负责对本级人民政府所出资企业的各项资产损溢进行认定，并对企业占用的国有资本进行核实；指导下一级国有资产监督管理机构开展企业清产核资工作；向上一级国有资产监督管理机构及时报告工作情况。

企业清产核资机构负责组织企业的清产核资工作，向同级国有资产监督管理机构报送相关资料，根据同级国有资产监督管理机构清产核资批复组织企业本部及子企业进行调账。

企业投资设立的各类多元投资企业的清产核资工作，由实际控股或协议主管的上级企业负责组织，并将有关清产核资结果及时通知其他有关各方。

（五）账务处理

1. 固定资产盘盈、盘亏的账务处理

盘盈的固定资产，在按管理权限报经批准前，应通过"以前年度损益调整"科目核算。

（1）借：固定资产

    贷：以前年度损益调整

（2）借：以前年度损益调整

    贷：盈余公积

      利润分配——未分配利润

盘亏造成的损失，应当计入当期损益。

（3）报经批准前，先转销固定资产账面价值。

    借：待处理财产损溢——待处理固定资产损溢

      累计折旧

      固定资产减值准备

    贷：固定资产

（4）报经批准后，损失计入当期损溢。

    借：其他应收款（可收回的报销赔偿或过失人赔偿）

      营业外支出——盘亏损失

    贷：待处理财产损溢——待处理固定资产损溢

2. 对应收款项进行测试计提坏账准备

坏账损失：指企业未收回的应收账款、经批准列入损失的部分。核算坏账损失通常使用备抵法。

备抵法：是指在坏账损失实际发生前，就依据权责发生制原则估计损失，并同时形成坏账准备，待坏账损失实际发生时再冲减坏账准备。

至于如何估计坏账损失，则有三种方法可供选择，即年末余额百分比法、账龄分析法和销货百分比法。

（1）资产负债表日，应收款项发生减值的，按应减记的金额，计提坏账准备。

    借：信用减值损失

    贷：坏账准备

（2）对于确实无法收回的应收款项，按管理权限报经批准后作为坏账，转销应收款项。

借：坏账准备

　　贷：应收票据

　　　　应收账款

　　　　预付账款

　　　　其他应收款

　　　　长期应收款

（3）已确认并转销的应收款项以后又收回的，应按实际收回的金额进行会计处理。

借：应收票据

　　应收账款

　　预付账款

　　其他应收款

　　长期应收款

　　贷：坏账准备

同时，

借：银行存款等

　　贷：应收票据

　　　　应收账款

　　　　预付账款

　　　　其他应收款

　　　　长期应收款

3. 存货盘点的会计处理

（1）存货盘盈。

批准前：

借：原材料

　　生产成本

　　库存商品

　　贷：待处理财产损溢——待处理流动资产损溢

批准后，存货盘盈冲减管理费用：

借：待处理财产损溢

    贷：管理费用

（2）存货盘亏。

批准前：

  借：待处理财产损溢——待处理流动资产损溢

    贷：原材料

     生产成本

批准后：

  借：管理费用

   其他应收款

   营业外支出

    贷：待处理财产损溢——待处理流动资产损溢

（3）存货现值与账面价值差别的调整。

当存货现值（即可收回金额）小于账面价值时，应计提存货跌价损失。

  借：资产减值损失——存货减值损失（成本－可收回金额）

    贷：存货跌价准备——A 商品（成本－可收回金额）

4. 可供出售金融资产减值准备

当可供出售金融资产的投资成本期末计价，市价低于成本时，应计提可供出售金融资产减值准备。

  借：资产减值损失

    贷：可供出售金融资产减值准备

任务 7-1 企业财务估值数据预测与分析

学习目标

1. 运用估值数据进行企业财务预测与分析。

2. 运用估值数据对企业财务状况进行审计。

3. 能使用摩估云平台完成上述任务。

情境导入

  紫林公司于 2019 年 12 月 31 日根据企业估值数据对企业财务管理工作进行全面分析，从企业偿债能力、盈利能力、营运能力和成长能力四方面开展分析，厘清管理现状，以利于下一步的经营判断与决策，实现企业经营战略目标。

业务分解

围绕紫林公司"企业价值最大化"的目标，为保证企业健康、安全、良好地运营，对企业偿债能力、盈利能力、营运能力和成长能力进行分析并提出管理建议。在业务前期，企业财务部门决策分析岗员工首先要从两方面开展工作：一是根据内部估值报告和相关估值信息，对以上四个方面进行计算、分析，并分析当期预算完成情况；二是根据分析结果，结合企业所处内外部环境提出管理建议。

任务布置

根据任务背景，对企业财务数据进行分析。企业财务估值数据预测与分析任务清单见表 7－2。

表 7－2　企业财务估值数据预测与分析任务清单

编号	任务名称	
1	估值数据分析	偿债能力分析
		营运能力分析
		盈利能力分析
		成长能力分析
		计算、分析当期预算完成情况
2	提出管理建议	分析企业内外部环境
		提出管理建议

业务要领

（1）计算、分析企业的偿债能力、营运能力、盈利能力、成长能力指标。

（2）计算、分析企业当期预算完成情况。

（3）根据企业经营情况提出管理建议。

任务实施

一、业务流程

企业财务估值数据预测与分析流程如图 7－3 所示。

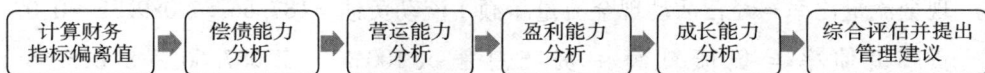

计算财务指标偏离值 → 偿债能力分析 → 营运能力分析 → 盈利能力分析 → 成长能力分析 → 综合评估并提出管理建议

图 7－3　企业财务估值数据预测与分析流程

二、业务操作

梳理资产评估报告中的流动资产、流动负债、速动资产、货币资金、资产总额、负债总额、非流动负债、股东权益、息税前利润、利息费用、经营活动现金流量净额等数据（表7-3）。

表7-3　财务数据一览表

项目	预算数/万元	本年度报表数/万元	评估值/万元	上年度报表数/万元	评估值与上年度报表数偏离值[（评估值-上年度报表数）÷上年度报表数×100%]/%
流动资产	2 410	2 358.66	2 210.66	1 900.81	16.3
流动负债	2 000	2 089.33	2 089.33	1 900.55	9.93
速动资产	1 010	1 055.86	1 032.54	988.75	4.43
货币资金	385	389.25	389.25	412.87	-5.72
资产总额	8 788	8 997.22	8 825.55	8 621.22	2.37
负债总额	5 050	5 021.12	5 087.66	4 988.33	1.99
非流动负债	3 050	2 931.79	2 998.33	3 087.78	-2.9
股东权益	3 738	3 976.1	3 737.89	3 632.89	2.89
息税前利润	1 010	1 025.36	1 025.36	955.64	7.3
利息费用	100	99.25	99.25	85.22	16.46
经营活动现金流量净额	185	187.66	187.66	170.58	10
营业收入	5 220	5 444.88	5 444.88	4 855.01	12.15
应收账款	460	507.64	483.96	451	7.3
存货	1 400	1 302.8	1 178.12		
非流动资产	6 378	6 638.56	6 614.89		
净利润		655.62	655.62	610	7.48

根据评估值数据，计算财务管理指标。

（一）偿债能力

流动比率＝流动资产÷流动负债＝2 210.66÷2 089.33≈1.06

速动比率＝速动资产÷流动负债＝1 032.54÷2 089.33≈0.49

现金比率＝货币资金÷流动负债＝389.25÷2 089.33≈0.19

现金流量比率＝经营活动现金流量净额÷流动负债＝187.66÷2 089.33≈0.09

资产负债率＝负债总额÷资产总额×100%＝5 087.66÷8 825.55×100%≈57.65%

产权比率 = 负债总额 ÷ 股东权益 = 5 087.66 ÷ 3 737.89 ≈ 1.36

权益乘数 = 资产总额 ÷ 股东权益 = 8 825.55 ÷ 3 737.89 ≈ 2.36

长期资本负债率 = 非流动负债 ÷ （非流动负债 + 股东权益） × 100% = 2 998.33 ÷ （2 998.33 + 3 737.89） × 100% ≈ 44.51%

利息保障倍数 = 息税前利润 ÷ 利息费用 = 1 025.36 ÷ 99.25 ≈ 10.33

现金流量利息保障倍数 = 经营活动现金流量净额 ÷ 利息费用 = 187.66 ÷ 99.25 ≈ 1.89

现金流量与负债比率 = 经营活动现金流量净额 ÷ 负债总额 × 100% = 187.66 ÷ 5 087.66 ≈ 3.69%

（二）营运能力

应收账款周转率 = 营业收入 ÷ 应收账款 = 5 444.88 ÷ 483.96 ≈ 11.25

存货周转率 = 营业收入 ÷ 存货 = 5 444.88 ÷ 1 178.12 ≈ 4.62

流动资产周转率 = 营业收入 ÷ 流动资产 = 5 444.88 ÷ 2 210.66 ≈ 2.46

非流动资产周转率 = 营业收入 ÷ 非流动资产 = 5 444.88 ÷ 6 614.89 ≈ 0.82

总资产周转率 = 营业收入 ÷ 总资产 = 5 444.88 ÷ 8 825.55 ≈ 0.62

（三）盈利能力

营业净利率 = 净利润 ÷ 营业收入 × 100% = 655.62 ÷ 5 444.88 × 100% ≈ 12.04%

总资产净利率 = 净利润 ÷ 总资产 × 100% = 655.62 ÷ 8 825.55 × 100% ≈ 7.43%

权益净利率 = 净利润 ÷ 股东权益 × 100% = 655.62 ÷ 3 737.89 × 100% ≈ 17.54%

（四）成长能力

营业收入增长率 = 当年营业收入增长额 ÷ 上年营业收入总额 × 100% = （5 444.88 − 4 855.01） ÷ 4 855.01 × 100% ≈ 12.15%

资本保值增值率 = 扣除客观因素后的本年末所有者权益总额 ÷ 年初所有者权益总额 × 100% = 3 976.1 ÷ 3 632.89 × 100% ≈ 109.45%

资本积累率 = 当年所有者权益增长额 ÷ 年初所有者权益 × 100% = （3 976.1 − 3 632.89） ÷ 3 632.89 × 100% ≈ 9.45%

总资产增长率 = 当年总资产增长额 ÷ 年初资产总额 × 100% = （8 997.22 − 8 621.22） ÷ 8 621.22 × 100% ≈ 4.36%

营业利润增长率 = 当年营业利润增长额 ÷ 上年营业利润总额 × 100% =

（655.62 – 610）÷610 × 100% ≈ 7.48%

（五）估值与预算数偏离值

将计算结果填入表格相关栏目。

（六）根据计算结果进行纵向分析

企业偿债能力指标，流动比率 1.06，速动比率 0.49，现金比率 0.19，现金流量比率 0.09，资产负债率 57.65%，产权比率 1.36，权益乘数 2.36，长期资本负债率 44.51%，利息保障倍数 10.33，现金流量利息保障倍数 1.89，现金流量与负债比率 3.69%。根据以上指标分析，企业偿债能力总体良好，但企业经营活动现金流量净额较低。

企业营运能力指标，应收账款周转率 11.25，存货周转率 4.62，流动资产周转率 2.46，非流动资产周转率 0.82，总资产周转率 0.62。根据以上指标分析，企业营运能力尚好。

企业盈利能力指标，营业净利率 12.04%，总资产净利率 7.43%，权益净利率 17.54%。根据以上指标分析，企业盈利能力总体尚好。

企业成长能力指标，营业收入增长率 12.15%，资本保值增值率 109.45%，资本积累率 9.45%，总资产增长率 4.36%，营业利润增长率 7.48%。根据以上指标分析，企业成长性较好，其中总资产增长率偏低，要加以注意。

对比本年评估值与上年度报表数可以看出，企业流动资产、流动负债、利息费用、营业收入、净利润增长较大。流动资产增长源自经营性现金净流量的增加，利息费用的增长源自流动负债的增加，企业通过改善经营、促进销售，增加营业收入，提升了净利润水平。

（七）根据计算结果进行横向分析（表 7 – 4）

表 7 – 4　根据计算结果进行横向分析

指标	紫林公司	明光公司	强盛公司
流动比率	1.06	0.76	1.66
速动比率	0.49	0.22	0.87
现金比率	0.19	0.09	0.55
现金流量比率	0.09	0.03	0.18
资产负债率/%	57.65	88	33.52
产权比率	1.36	7.33	0.5

指标	紫林公司	明光公司	强盛公司
权益乘数	2.36	8.33	1.5
现金流量利息保障倍数	1.89	0.83	3.99
应收账款周转率	11.25	5.88	25.04
存货周转率	4.62	2.09	5.33
营业净利率/%	12.04	5.99	19.78
营业收入增长率/%	12.15	17.92	6.33
营业利润增长率/%	7.48	8.53	4.33

经过比较紫林公司与同行业相同规模的明光公司和强盛公司相关指标，可以看出紫林公司在行业内处于相对合理的状态，偿债能力、盈利能力、营运能力、成长能力均处于行业中流。下一步经营中，其应采取相应措施，提升企业盈利能力，保持现有偿债能力，提高资产运营效率，获取更高的增长。

任务评价

企业财务估值数据预测与分析评价见表7-5。

表7-5 企业财务估值数据预测与分析评价

工作内容清单		分值	正确率/%	得分
计算、分析	财务数据一览表	10		
	财务分析方法的运用	10		
	财务指标计算表	10		
	计算、分析企业的偿债能力、营运能力、盈利能力、成长能力指标	15		
	计算、分析企业当期预算完成情况	15		
	分析结论	15		
	根据企业经营情况提出管理建议	25		
合计		100		

任务7-2 估值数据在企业清产核资中的应用

学习目标

1. 运用估值数据完成企业清产核资。

2. 能使用摩估云平台完成上述任务。

情境导入

紫林公司于 2019 年 12 月 31 日对企业资产进行例行清产核资，企业资产管理部门会同财务部门对本企业开展了内部资产评估，完成了评估报告。现由企业财务部门牵头，根据评估报告完成此次清产核资工作。

业务分解

围绕紫林公司"保证企业资产信息清晰、准确、完整"这一目标，在业务前期，企业财务部门管理岗员工首先要进行两方面的分析决策：一是根据内部估值报告和相关资产账面数额，确定需要进行财务调整的资产；二是分析确定企业资产现状，为企业资产管理提出建议。在此过程中，企业财务部门管理岗要进行两方面的复核：一是复核企业内部评估报告等相关文件；二是复核资产评估报告是否适当。在业务办结之后，企业还要进行资产的动态分析，以此来掌握企业资产状态，分析企业财务及经营风险。

任务布置

根据任务背景，估值数据在企业清产核资中的应用任务清单见表 7 - 6。

表 7 - 6　估值数据在企业清产核资中的应用任务清单

编号	任务名称	
1	复核	复核企业内部评估报告等相关文件
		复核资产评估报告
2	分析	分析并确定需要调整的资产数值
		动态分析企业资产状况

业务要领

估值数据在企业清产核资中扮演着关键角色，其应用贯穿于资产价值确认、负债评估、权益界定及风险控制等核心环节，以下是具体应用场景及作用分析。

一、资产价值精准核实

非标资产定价：对无形资产（专利、商誉）、投资性房地产、长期股权投资等缺乏活跃市场的资产，估值技术（收益法、市场法、成本法）提供公允价值依据。

历史成本调整：在物价波动或技术迭代背景下（如设备贬值），通过重估修正账面价值，反映资产真实状态。

二、负债及权益的清晰界定

或有负债量化：对未决诉讼、环保责任等潜在负债，通过概率加权现金流折现预估风险敞口。

资本结构优化：估值揭示高估资产或隐形负债，避免净资产虚高影响重组方案（如债转股比例设定）。

三、产权交易与重组支撑

并购定价基准：清产核资结合估值确定企业整体价值，为股权交易、合并对价提供谈判基础。

破产重整评估：区分清算价值与持续经营价值，辅助制订重整计划（如资产剥离优先级）。

四、合规与风险管理

准则遵循：满足《企业会计准则》对资产减值（CAS 8）、公允价值计量（CAS 39）的要求，避免审计风险。

风险预警：估值差异揭示资产泡沫（如存货滞销）、技术淘汰风险，推动管理层及时处置。

五、特殊场景应用

混合所有制改革：通过第三方估值防止国有资产低估或民营资本权益受损。
跨境清核：汇率波动下，估值模型需整合经济性贬值与地域风险溢价。

任务实施

一、业务流程

清产核资复核与分析业务流程如图 7－4 所示。

复核评估值信息 ➡ 分析 ➡ 提出管理建议

图 7－4　清产核资复核与分析业务流程

二、业务操作

梳理资产评估报告中的资产的价值，与相关资产的账面价值进行比对，复核清产核资报告内容的准确性。

在此过程中，企业首先要根据清产核资业务规定、《企业会计准则》和相关行业会计制度的规定进行情况梳理。随后，企业财务部门管理岗对相关资产的情况进行核验，主要是从形式和内容方面核验该资产的价值金额。形式方面为核验该资产的相关权属资料是否真实、齐全，评估报告和账面金额是否与会计核算相吻合。

如企业经过初步筛选，从合规性角度考虑，有表 7-7 所示资产存在账实不符情况。

表 7-7　资产存在账实不符情况　　　　　　　　　万元

项目	账面价值	评估值
应收账款	10 842 474.91	10 342 474.91
——日升贸易商行	500 000	0
固定资产	358 760 020.00	358 736 611.00
——叉车	21 409	0
——举升机	2 500	500
存货	52 118 897.66	50 895 444.31
——茶叶	800 000	0
——蚕丝	423 453.35	0

初步结论：经过复核，会计核算与相关资料信息一致。

任务评价

估值数据在企业清产核资中的应用评价见表 7-8。

表 7-8　估值数据在企业清产核资中的应用评价

编号	工作内容清单		分值	正确率/%	得分
1	复核	文件			
		正确复核企业内部评估报告	10		
		正确运用财务分析方法进行数据测算	10		
		正确复核企业财务指标	10		
		正确复核清产核资报告	15		
2	分析	质押资产权			
		正确分析清产核资业务内容	10		
		正确复核资产评估报告	10		
		分析并确定需要调整的资产数值	10		
		动态分析企业资产状况	10		
		正确提出管理建议	15		
合计			100		

项目小结

本项目主要包括企业财务估值数据预测与分析、估值数据在企业清产核资中的应用两个任务，各任务主要介绍了企业不同的财务分析方法和基本要领。

项目训练

一、单选题

1. 在进行企业估值时，主要依据企业财务管理数据进行财务分析，以下哪种方法是通过比较企业当前财务指标与行业标准或历史数据来评估企业财务状况的？（　　）

A. 垂直分析法 　　　　　　　　　　B. 水平分析法

C. 比率分析法 　　　　　　　　　　D. 趋势分析法

2. 清产核资过程中，对企业的各项资产和负债进行全面清查与核实，主要是为了（　　）。

A. 提升企业市场价值 　　　　　　　B. 确定企业真实财务状况

C. 优化企业资本结构 　　　　　　　D. 增加企业现金流

二、多选题

1. 在进行企业财务管理数据的财务分析时，以下哪些方法可以帮助识别企业的财务健康状况和潜在风险？（　　）

A. 盈利能力分析 　　　　　　　　　B. 偿债能力分析

C. 运营效率分析 　　　　　　　　　D. 市场占有率分析

2. 企业清产核资数据分析的基本要领包括（　　）。

A. 资产清查全面准确 　　　　　　　B. 负债核实细致入微

C. 关注企业历史财务数据 　　　　　D. 评估企业未来发展潜力

三、判断题

1. 在进行企业财务管理数据分析时，只需要关注企业的盈利能力，因为盈利能力强的企业一定没有财务风险。（　　）

2. 清产核资过程中，对企业的各项资产和负债进行全面清查与核实，是确定企业真实财务状况，为后续财务管理和决策提供依据的重要步骤。（　　）

项目 8　金融实务应用数据估值

项目导语

　　估值金融实务应用数据是指通过分析企业金融资产，审查权属文件、财务报表、会计凭证、价格信息以及专业报告等数据资料的"真实性、准确性和完整性"，进而分析企业金融数据，为投资者决策提供依据。

项目思维导图

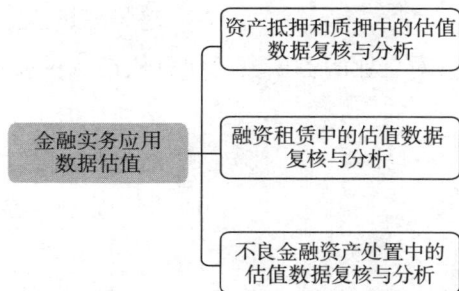

金融实务应用数据估值
- 资产抵押和质押中的估值数据复核与分析
- 融资租赁中的估值数据复核与分析
- 不良金融资产处置中的估值数据复核与分析

知识准备

一、企业抵押与质押数据分析

　　《中华人民共和国民法典》（以下简称《民法典》）对于抵质押资产的相关规定如下。

　　（一）可以抵押的资产

　　（1）建筑物和其他土地附着物；

　　（2）建设用地使用权；

　　（3）以招标、拍卖、公开协商等方式取得的荒地等土地承包经营权；

　　（4）生产设备、原材料、半成品、产品；

　　（5）正在建造的建筑物、船舶、航空器；

　　（6）交通运输工具；

（7）法律、行政法规未禁止抵押的其他财产。

（二）可以质押的资产

（1）国库券（国家有特殊规定的除外）；

（2）国家重点建设债券；

（3）金融债券等；

（4）汇票、本票、支票、债券、存款单、仓单、提单等；

（5）依法可以转让的股份、股票、商标专用权、专利权、著作权中的财产权等。

（三）我国法律禁止抵押的财产

我国法律禁止抵押的财产包括：土地所有权，学校、幼儿园、医院等以公益为目的的事业单位，依法被查封、扣押、监管的财产等，详细的内容如下。

（1）土地所有权。

（2）耕地、宅基地、自留地、自留山等集体所有的土地使用权。

注意：乡（镇）、村企业的土地使用权不得单独抵押。以乡（镇）、村企业的厂房等建筑物抵押的，其占用范围内的土地使用权同时抵押。

（3）学校、幼儿园、医院等以公益为目的的事业单位、社会团体的教育设施、医疗卫生设施和其他社会公益设施。

（4）所有权、使用权不明或者有争议的财产。

（5）依法被查封、扣押、监管的财产。

（6）依法不得抵押的其他财产。

（四）金融机构接受的抵质押品的基本要求

（1）抵质押的财产或权利真实存在；

（2）抵质押品权属关系清晰，抵押（出质）人对押品具有处分权；

（3）抵质押品符合法律、法规规定或国家政策要求；

（4）抵质押品具有良好的变现能力；

（5）抵质押品估值方法恰当，评估价值合理。

（五）押品调查与评估

商业银行各类表内外业务采用抵质押担保的，应对押品情况进行调查与评估，主要包括受理、调查、估值、审批等环节。商业银行应明确抵押（出质）人需提供的材料范围，及时、全面收集押品相关信息和材料，企业应当按照金融机构的要求，如实、完整地提供各项资料，配合完成各项流程。

（六）资产的分类

资产分类是指资产按流动性质，一般分为流动资产、长期投资、固定资产、无形资产、递延资产和其他资产。流动资产是指可以在一年内或者超过一年的一个营业周期内变现或者耗用的资产，包括现金及各种存款、短期投资、应收及预付款项、存货等。长期投资是指不可能或者不准备在一年内变现的投资，包括股票投资、债券投资和其他投资。固定资产是指使用年限较长，单位价值较高，并在使用过程中保持原来物质形态的资产，包括房屋及建筑物、机器设备、运输设备、工具器具等。无形资产是指企业长期使用而没有实物形态的资产，包括专利权、商标权、著作权、土地使用权、商誉等。递延资产是指不能全部计入当年损益，应当在以后年度内分期摊销的各项费用，包括开办费、租入固定资产的改良及大修理支出等。其他资产是指除以上各项目以外的长期资产。

（七）营运资金管理

营运资金管理是对企业流动资产及流动负债的管理。一个企业要维持正常的运转就必须拥有适量的营运资金，因此，营运资金管理是企业财务管理的重要组成部分。据调查，公司财务经理有 60% 的时间都用于营运资金管理。要做好营运资金管理，必须解决好流动资产和流动负债两个方面的问题，换句话说，就是下面两个问题。

（1）企业应该投资多少在流动资产上，即资金运用的管理。其主要包括现金管理、应收账款管理和存货管理。

（2）企业应该怎样进行流动资产的融资，即资金筹措的管理。其包括银行短期借款的管理和商业信用的管理。

可见，营运资金管理的核心内容就是对资金运用和资金筹措的管理。

（八）担保能力

公司作为独立的民事法律主体，可以为公司以外的民事法律主体的债务提供担保，不仅可以为公司股东或实际控制人提供担保，还可以为他人提供担保。公司能为其他主体提供担保的情况可以用担保能力进行衡量。

担保能力计算公式：

$$担保能力 = 总资产 - 总负债 - 已抵、质押资产 - 已提供担保的资产$$

（九）资产抵质押贷款的账务处理

借：银行存款

　　贷：短期借款

二、融资租赁资产

《金融租赁公司管理办法》等相关法律对于融资租赁资产的相关规定如下。

（一）融资租赁的范围

（1）生产设备、通信设备、医疗设备、科研设备、检验检测设备、工程机械设备、办公设备等各类动产；

飞机、汽车、船舶等各类交通工具；

本条前两项所述动产和交通工具附带的软件、技术等无形资产，但附带的无形资产价值不得超过租赁财产价值的1/2。

（2）根据融资租赁交易的特征以及相关法律、法规的规定，下列各项不得成为融资租赁标的物。

租赁物应是实物财产，任何形式的无形财产都不能成为融资租赁合同的标的物。

租赁物应是使用权能够从所有权中分离出来的物，如果使用权与所有权不可分离，则违背了融资租赁的交易性质，不可能成为融资租赁合同的标的物。

租赁物应是不可消耗物，能够重复使用。

租赁物不应是用于个人消费的消费品。

（二）常见融资租赁类型

（1）直接融资租赁：由承租人选择需要购买的租赁物件，出租人通过对租赁项目风险评估后出租租赁物件给承租人使用。

（2）回租融资租赁：是指设备的所有者先将设备按市场价格卖给出租人，然后又以租赁的方式租回原来设备的一种方式。回租融资租赁业务主要用于已使用过的设备。

（三）融资租赁的财务指标

1. 融资租赁的利息

融资租赁的利息是租赁公司为承租企业购置设备垫付资金所应支付的利息，一般租赁合同里面会说明利息率/租费率是多少。

2. 融资租赁的租金

$$每次支付租金 = [（租赁设备购置成本 - 租赁设备的预计净残值）+ 租赁期间的利息 + 租赁期间的手续费]/租期$$

3. 融资租赁资本成本率

资本成本率是指公司用资费用与有效筹资额之间的比率，通常用百分比表示。

在公司筹资实务中，通常运用资本成本的相对数，即资本成本率。

筹资费用中的用资费用指因使用资金而付出的代价，比如向股东支付的股利或向债权人支付的利息等。

融资租赁各期的租金中，包含本金每期的偿还和各期手续费用（即租赁公司的各期利润），其资本成本率只能按贴现模式计算。融资租赁的资本成本率是使现金流入现值等于租赁设备原值时所采用的折现率。

【例】租赁设备原值 60 万元，租期 6 年，租赁期满预计残值 5 万元，归租赁公司。每年租金 131 283 元，要求计算融资租赁资本成本率。

$$600\ 000 - 50\ 000 \times (P/F, K_b, 6) = 131\ 283 \times (P/A, K_b, 6)$$

融资租赁资本成本率 $K_b = 10\%$。

（四）融资租赁的账务处理

1. 融资租赁出租方账务处理

借：长期应收款

　　贷：融资租赁资产

2. 承租方租赁日账务处理

借：固定资产——融资租入固定资产

　　贷：长期应付款——应付融资租赁款

三、不良金融资产

（一）不良金融资产的概念

中国银行业监督管理委员会、财政部联合发布的《不良金融资产处置尽职指引》（以下简称《指引》）（银监发〔2005〕72 号）规定，"不良金融资产指银行业金融机构和金融资产管理公司经营中形成、通过购买或其他方式取得的不良信贷资产和非信贷资产，如不良债权、股权和实物类资产等。"其中，不良债权主要包括：银行持有的次级、可疑及损失类贷款，金融资产管理公司收购或接收的不良金融债权，其他非银行金融机构持有的不良债权。股权类资产主要包括政策性债权转股、商业性债权转股、抵债股权、质押股权等。实物类资产主要包括收购的以及资产处置中收回的以物抵押资产，即不良金融资产主要表现为不良贷款和以物抵贷资产，以及资产处置过程中由于对部分不良贷款实施了债转股，或以资抵债等形成的资产。据此，通常以为，商业银行不良资产是指处于非良好经营状态的、不能给商业银行带来正常收入甚至不能及时收回的那部分资产。从总体上看，此类资产具有分布广、质量差、权利瑕疵较多、有一定的处置价值等特点。

（二）不良金融资产的分类

不良金融资产大致可以分为实物类资产、股权类资产、债权类资产和其他资产等。

（1）实物类资产。其主要包括收购的以物抵债资产、资产处置中收回的以物抵债资产、受托管理的实物资产及其所产生的权益，以及其他能实现债权清偿权利的实物资产。由于借款人无力偿还银行贷款的行为发生在贷款后的若干年，因此，这类资产还存在权属不明确、形态不完整、基础资料缺乏的特点，具体评估时需要考虑的特殊因素较多。

（2）股权类资产。其主要包括政策性债转股、商业性债转股、抵债股权和质押股权等。

（3）债权类资产。债权类资产在金融资产管理公司管理的资产中具有举足轻重的地位，据初步统计，约占其运作资产的70%。在商业银行剥离前，按照国际五级分类标准，这些贷款多为次级、可疑甚至损失类资产，金融资产管理公司接收后，处置这类资产时面临财产直接支配权小、市场操作性差、不确定性因素多的现实状况。从评估的角度看，一般债权类资产适用于非公开市场价值基础的资产评估，表现为特定、无可比较、不能完全替代、不存在市场、不能假定其在市场上公开出售且处于最佳使用状态等特性。内在的风险性与时效性对资产评估提出了较高的要求。

（4）其他资产。其主要包括土地使用权、商标权等无形资产以及收益凭证等其他相关资产。

资产评估师执行不良金融资产评估业务，应当关注评估对象的具体形态，充分考虑评估对象特点对评估业务的影响。

（三）银行不良资产的类别

实践中，商业银行通常将不良资产划分为信贷类不良资产和非信贷类不良资产。

（1）信贷类不良资产。信贷类不良资产是银行不良资产的主体。信贷类不良资产也可以用债权类不良资产来概括。其主要包括不良贷款及欠息、不良拆借、不良债券、证券回购、各种垫付款等，其中不良贷款占比最高。

（2）非信贷类不良资产。非信贷类不良资产主要指股权类不良资产和实物类不良资产，通常分布于长短期投资、委托贷款及投资、买入返售证券、待处理流动资产损失、固定资产清理、待处理固定资产损失、其他风险性非信贷资产等方面，同时也包括难以回收的诉讼费垫款、案件损失等。银行的非信贷类不良资产大多由不良贷款转化而来，主要表现为银行在依法实现债权或担保物权时受偿于债务人、担保人或第三人的实物资产或财产权利，如房地产、汽车、机器设备、知识产权中的财产权、股权等。

（四）不良金融资产评估业务中的价值类型及其适用范围

在执行不良金融资产评估业务时，应当根据评估目的和评估对象等具体情况，明确价值类型，并对价值类型进行定义。

不良金融资产评估业务中的价值类型包括市场价值和市场价值以外的价值。市场价值以外的价值包括但不限于清算价值、投资价值、残余价值等。

（1）市场价值。市场价值是指自愿买方和自愿卖方在各自理性行事且未受任何强迫压制的情况下对某项资产在基准日进行正常公平交易的价值估计数额。委托方在不良金融资产处置过程中，为了解相关资产在通常条件下能够合理实现的价值并以此作为处置决策的追求目标，可以评估市场价值。

（2）清算价值。清算价值是指资产在强制清算或强制变现的前提下，所能合理实现的价值。委托方在需要将持有的不良金融资产在短时间内强制清算或变现时，可评估清算价值。

（3）投资价值。投资价值是指资产对于具有投资目标的特定投资者或某一类投资者所具有的价值。委托方在准备持有不良金融资产或采取融资等手段对不良金融资产进行再开发时，可以评估投资价值。

（4）残余价值。残余价值是指在机器设备、房屋建筑物或其他有形资产等非继续使用前提下，对其零部件或结构进行拆除、回收所能实现的价值。委托方在准备对特定资产进行拆除、回收不良金融资产时，评估残余价值。

（五）不良金融资产评估方法

当前，我国政府和各商业银行、资产管理公司急需处置存量不良金融资产，而处置的前提和基础是对不良金融资产进行定价。由于我国不良金融资产的形成原因复杂，资产的法律权属不够清晰，评估依据不足，评估程序无法到位，无法直接运用成本法、市场法和收益法进行评估。中国资产评估协会颁布的《金融不良资产评估指导意见》在总结国内外评估理论和实践的基础上，根据金融不良资产评估对价值类型的特殊要求，着力研究现实金融领域内的不良资产评估技术方法，特别是对中国特色的不良金融资产的评估思路和方法，主要提出了四种评估方法，即假设清算法、现金流偿债法、交易案例比较法和专家打分法。其中，假设清算法和现金流偿债法以债务人和债务责任关联方为分析范围，而交易案例比较法和专家打分法则是以债权本身为分析范围，基本形成了较为完整的评估方法体系。

（六）银行不良资产管理尽职要求的主要内容

不良资产尽职管理是做好处置工作的前提。《指引》规定，银行业金融机构增加不良资产管理工作的内容，主要包括：建立不良资产管理制度，实施有效的管理策略，明确管理职责，做好不良金融资产档案管理、权益维护、风险监测等日常管理工作；定期对资产管理策略进行评价和调整；必要时，还应对不良金融资产有关情况进行现场调查。同时，《指引》还重点强调了债权类、股权类和实物类不良资产管理的方式、方法和内容。这就要求银行必须严格按照《指引》的规定对不良资产进行尽职管理和定期分析，选择有利的处置时机，及时启动处置程序，有效防止不良资产管理不善、处置不及时造成贬值或流失的风险。

（七）银行不良资产的处置方式

《指引》规定："银行业金融机构和金融资产管理公司应在法律法规允许并经金融监管部门批准的业务许可范围内，积极稳妥地选择并探索有效的不良金融资产处置方式。"因此，通常认为，不良资产处置是指商业银行和金融资产管理公司通过综合运用法律、政策允许范围内的一切手段和方法，将其所有的不良资产转化为现金、增加流动性或良性资产的行为。

从我国不良资产处置实践看，不良资产处置方式种类繁多。中国人民银行1999年发布的《金融资产管理公司金融统计制度》，将不良资产处置方式分为8种。财政部金融司2001年发布的《关于资产管理公司不良资产处置方式及报送要求的修订通知》，也将不良资产处置方式分为8种，但内容略有不同。随着不良资产处置实践的发展和创新，处置方式不断增加，目前可采用的方式有25种之多，包括本息清收、债务更新、折扣变现、资产置换、行使代位计划内破产、拍卖、招标、协议转让、委托、债转股、资产证券化、合资（合作）公司、对外出资、实物类资产租赁、实物资产投资、股权分红、股权回购、股权转让、推荐上市等。

按照一定的标准，可将上述不良资产处置方式做多种分类：按资产类型，可分为债权类资产处置、股权类资产处置和实物类资产处置；按处置主体，可分为自行处置、委托处置和诉讼处置；按处置阶段，可分为阶段性处置和终极处置，其中，阶段性处置主要包括债转股、债务重组、诉讼及诉讼保全、以债抵押、资产置换、企业重组、实物资产出租、实物资产投资等方式，终极处置主要包括破产清算、拍卖、招标、协议转让、折扣变现等方式。正是鉴于不良资产处置的多样性，《指引》明确规定："银行业金融机构和金融资产管理公司在选择与运用资产处置方式时，应遵循成本效益和风险控制原则，合理分析，综合比较，择优选用可行的处置方式，并提供相关依据。"因此，针对不良资产的形态和法律性质，采取正确的处置方式，有效防范处置过程中的法律风险，力争实现银行不良资产价值最大化，是提升不良资产处置质量和银行业竞争力的关键。

（八）不良金融资产管理和处置相关法律、法规

不良金融资产管理和处置相关法律、法规包括《指引》《金融企业不良资产批量转让管理办法》《银行抵债资产管理办法》《金融资产管理公司资产处置管理办法（修订）》《金融不良资产评估指导意见》等，其中所涉及的法律问题适用于《中华人民共和国公司法》（以下简称《公司法》）、《民法典》中的物权编、合同编等相关规定。

（九）不良金融资产批量转让的原则

（1）依法合规。转让资产范围、程序严格遵守国家法律法规和政策规定，严禁违法违规行为。

（2）公开透明。转让行为要公开、公平、公正，及时、充分披露相关信息，避免暗箱操作，防范道德风险。

（3）竞争择优。要优先选择招标、竞价、拍卖等公开转让方式，充分竞争，避免非理性竞价。

（4）价值最大化。转让方式和交易结构应科学合理，提高效率，降低成本，实现处置回收价值最大化。

（十）不良金融资产批量转让的范围

（1）金融企业批量转让不良金融资产的范围包括金融企业在经营中形成的以下不良信贷资产和非信贷资产：按规定程序和标准认定为次级、可疑、损失类的贷款；已核销的账销案存资产；抵债资产；其他不良资产。

（2）下列不良金融资产不得进行批量转让：债务人或担保人为国家机关的资产；经国务院批准列入全国企业政策性关闭破产计划的资产；国防军工等涉及国家安全和敏感信息的资产；个人贷款（包括向个人发放的购房贷款、购车贷款、教育助学贷款、信用卡透支、其他消费贷款等以个人为借款主体的各类贷款）；在借款合同或担保合同中有限制转让条款的资产；国家法律法规限制转让的其他资产。

（十一）不良金融资产转让的账务处理

借：银行存款

　　贷：不良金融资产

任务8-1　资产抵押和质押中的估值数据复核与分析

学习目标

1. 能够对抵质押贷款、融资租赁、不良金融资产处置中引用的估值数据进行程序核查和数据分析。

2. 能够对保险标的承保前所引用的估值数据进行程序核查和数据分析。

3. 能使用摩估云平台完成上述任务。

情境导入

紫林公司目前的生产线及生产技术不能满足生产需要，企业拟开展技改工程建设，共需资金1 500万元。为筹措资金，紫林公司融资部门决定以资产抵质押的方式向金融机构申请贷款。为保证资产抵质押业务顺利进行，同时关注资产抵质押业务的经济性和风险性，融资部门管理岗需要全程对该业务进行复核与分析。

业务分解

围绕紫林公司"资产抵质押贷款"这一目标，在业务前期，企业融资部门管理岗员工首先要进行两方面的分析决策：一是根据内部估值报告和相关资产信息，选择适合抵质押贷款的资产；二是分析不同金融机构抵质押贷款规定，结合企业自身资金需求，选择最适合的金融机构。企业向金融机构提出资产抵质押贷款申请。金融机构受理申请，进行相关资信审查和价值评估，然后双方沟通贷款的具体事项，签订抵质押贷款合同。在此过程中，企业融资部门管理岗要进行两方面的复核：一是复核办理抵质押贷款的相关文件；二是复核抵质押贷款中的相关账务处理。在业务办结之后，企业还要进行抵质押资产的动态分析，以此来掌握企业资产状态，分析企业财务风险。

任务布置

资产抵押和质押中的估值数据复核与分析任务清单见表8-1。

表 8-1 资产抵押和质押中的估值数据复核与分析任务清单

编号		任务名称
1	复核	复核抵质押贷款相关文件
		复核抵质押贷款相关账务
2	分析	分析并确定拟抵质押资产
		分析并确定拟办理抵质押贷款金融机构
		动态分析企业抵质押资产

业务要领

（1）分析企业资金需求和资产估值情况，按照《商业银行押品管理指引》进行抵质押资产的选择，选择的时候注意合规性。

（2）分析不同金融机构资产抵质押贷款办理相关规定，选择办理抵质押贷款业务的金融机构，选择的时候注意经济性。

（3）对相关文件的复核，要注重齐备、完整。

（4）对数值账务的复核，要注重真实、准确。

（5）在抵质押贷款业务中要有内控和风险意识，业务办理和复核过程中注重流程的规范性，动态分析抵质押资产时关注可能产生的财务风险。

任务实施

一、业务流程

资产抵押和质押中的估值数据复核与分析业务流程如图 8-1 所示。

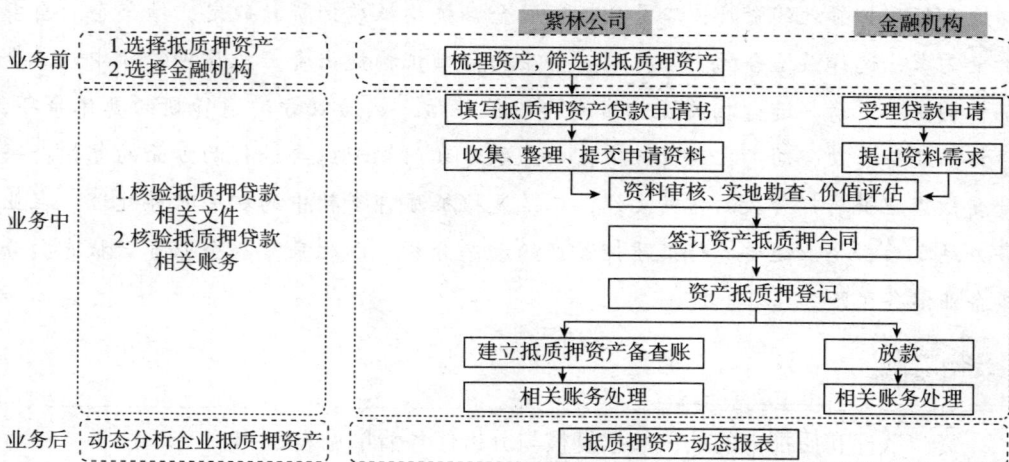

图 8-1 资产抵押和质押中的估值数据复核与分析业务流程

二、业务操作

（1）梳理资产评估报告中的资产，从合规性的角度，筛选出可以进行抵质押的资产，生成拟抵质押物清单。

在此过程中，企业首先要根据《民法典》和国家关于抵质押资产的其他法律规定，梳理资产评估报告中的资产，选择可以进行抵质押的资产类型。然后企业需要对可以进行抵质押的资产进行核验，主要是从形式和内容方面核验该资产的权属信息。形式方面为核验该资产的相关权属资料是否真实、齐全，内容方面为核验该资产的权利状况是否完整、清晰，如确定权利内容和权利归属，了解是否有产权瑕疵以及权利限制等。

如企业经过初步筛选，从合规性角度考虑，有表8-2中资产可以进行抵质押。

表8-2　拟抵质押资产清单

资产名称	处所（存放、使用、保管单位）	数量及单位	权属及状态	评估价值/万元
固定资产-建筑物	行政大楼	1	公司拥有产权，无抵押	1 023
股票		1	无抵押	239
存货	仓库	1	无抵押	20
固定资产-别墅	南戴河	1	无抵押	1 000
固定资产-设备	车间-生产部门	5	公司自购，无抵押	48.12
国库券		5	无质押	5.881 49

（2）分析初步筛选出的拟抵质押资产，从经济性的角度，筛选出适合进行抵质押的资产，生成抵质押资产清单。

企业从经济性的角度对抵质押资产进行分析选择，主要关注两个方面：一是资产的价值变化；二是资产的流动性。

企业在进行资产抵质押的时候，不仅应该考虑资产目前的估值，还要考虑未来资产可能的价值变化。如果有迹象显示该资产未来可能会产生增值，那么该资产目前不适合进行抵质押。因为资产抵质押的额度是根据目前资产的估值和抵质押率计算出来的，如果将未来可以增值的资产在现阶段进行抵质押，对于企业来说是不划算的。在具体的操作过程中，企业融资部门管理岗的员工要根据资产特点，收集该资产相关的行业、产业、区域等信息，对资产价值变化进行预测，尽量选择未来不太可能增值的资产进行抵质押。

不同的资产变现能力会有差别，对企业财务的影响也不同。流动资产对于企业来说十分重要，是企业的血液。流动资产的变现能力最强，具体形式会经常发生变化。如果对流动性强的资产进行抵质押，那么这些流动资产的处置就会受限，无疑会影响企业的现金流和营运能力，也会给流动资产的管理带来困难，稍不注意，就可能产生产权纠纷甚至诉讼。因此，企业应该尽量选择资产流动性、变现性差的资产进行抵质押。

如经过分析判断，企业所拥有的别墅未来升值前景较好，企业所持有的股票和存货流动性强，在营运资金管理中意义重大，因此以上三者从经济性的角度考虑都不适合进行资产的抵质押，生成最终的抵质押资产清单，具体内容见表 8 – 3。

表 8 – 3　抵质押资产清单

资产名称	处所（存放、使用、保管单位）	数量及单位	权属及状态	评估价值/万元
固定资产 – 建筑物	行政大楼	1	公司拥有产权，无抵押	1 023
固定资产 – 设备	车间 – 生产部门	5	公司自购，无抵押	48.12
国库券		5	无质押	5.881 49

总之，在选择抵质押资产的时候，要从以下角度对拟抵质押资产进行分析和筛选：①权属是否有争议；②金额；③流动性；④增值潜力；⑤对财务的影响；⑥对经营的影响；⑦对战略的影响；⑧对股东的影响等。

综合考虑抵质押资产的合规性和经济性，企业应该尽量选择权属无争议，金额确定且能满足融资需要，流动性较弱，增值潜力小，不过多占用营运资金，不会影响企业经营和销售业务的资产，同时在股权质押时尤其要谨慎，以防影响企业的股权结构。

任务评价

资产抵押和质押中的估值数据复核与分析评价见表 8 – 4。

表 8 – 4　资产抵押和质押中的估值数据复核与分析评价

编号		工作内容清单	分值	正确率/%	得分
1	复核　文件	正确复核项目可行性分析报告	5		
		正确复核政府对项目的批复文件（或有）	5		
		正确复核用于抵押的资产证明	10		
		正确复核企业法人营业执照、贷款卡、法人代表身份证正反两面	5		

续表

项目			工作内容清单	分值	正确率/%	得分
1	复核	文件	正确复核企业简介、企业高管介绍、股东会决议、公司章程	5		
			正确复核公司经营业绩介绍和最近3个年度的财务报表及审计报告	5		
			正确复核企业抵质押贷款申请书	5		
			正确复核企业抵质押资产价值评估表	5		
			正确复核资产抵质押贷款合同	5		
			正确复核抵质押资产登记、备案	5		
		账务	正确复核抵质押资产备查账	10		
2	分析	抵质押资产	正确选择抵质押资产	10		
			正确填写抵质押资产动态分析表	20		
		金融机构	选择合适的金融机构	5		
合计				100		

任务8-2 融资租赁中的估值数据复核与分析

学习目标

1. 能够运用估值数据对抵质押贷款决策、融资租赁决策、金融不良资产处置决定，以及保险标的承保前的资产检验、估价及风险、保险标的理赔前的资产估价进行数据分析。

2. 能使用摩估云平台完成上述任务。

情境导入

紫林公司通过土地和厂房以及部分设备抵押从银行获得抵质押贷款1 000万元，尚有500万元流动资金缺口。为解决企业流动资金不足问题，紫林公司拟通过融资租赁的方式获得生产线设备。同时需要第三方评估机构对该生产线设备进行估值，以评估结果为依据，确认该生产线设备的引入能否解决流动资金缺口问题，如果达成，尚需要进行必要的账务处理。

在此过程中，为保障企业融资租赁业务顺利进行，既能最优化地利用企业资产筹集所需资金，又能减小融资租赁对企业营运资金造成的压力，防范财务风险，融资部门管理岗需要对融资租赁业务进行数据的复核与分析。

业务分解

围绕紫林公司"融资租赁"这一目标，在业务前期，企业融资部门管理岗员工要进行两方面的分析决策：一是根据内部估值报告和相关资产信息，选择适合融资租赁的资产。二是分析融资租赁机构的信用状况、融资条件、租赁费用等，结合企业自身资金需求，选择最适当的融资租赁机构。然后企业向融资租赁机构提出资产融资租赁申请。融资租赁机构受理申请后，需要对企业的资产负债状况、经营管理情况、租赁物、项目情况进行核查与分析，双方沟通融资租赁具体事项，签订融资租赁合同。在此过程中，企业融资部门管理岗要进行两方面的复核：一是复核办理融资租赁的相关文件，二是复核融资租赁中的相关账务处理。在业务办结之后，企业还要进行融资租赁业务的动态分析，以此来掌握企业资产状态，分析企业财务风险。同样，融资租赁机构也需要对融资租赁的资产和承租企业的财务状况进行动态分析，以防范可能出现的财务风险。

任务布置

融资租赁中的估值数据复核与分析任务清单见表 8-5。

表 8-5 融资租赁中的估值数据复核与分析任务清单

编号		任务名称
1	复核	复核融资租赁相关文件
		复核融资租赁相关账务
2	分析	企业分析并确定拟融资租赁资产
		企业分析并确定拟办理融资租赁的融资租赁机构
		企业动态分析融资租赁业务
		融资租赁机构动态分析承租企业财务状况

业务要领

（1）分析企业资金需求和资产估值情况，按照《金融租赁公司管理办法》的规定进行融资租赁资产的选择，选择的时候注意合规性。

（2）分析不同融资租赁机构的信用状况和租赁费用情况，选择办理融资租赁业务的金融机构，选择的时候要注意经济性。

（3）对相关文件的复核，要注重齐备、完整。

（4）对数值账务的复核，要注重真实、准确。

（5）在融资租赁业务中要有内控和风险意识，业务办理和复核过程中注重流程的规范性，动态分析融资租赁业务时关注可能产生的财务风险。

一、业务流程

融资租赁中的估值数据复核与分析业务流程如图8-2所示。

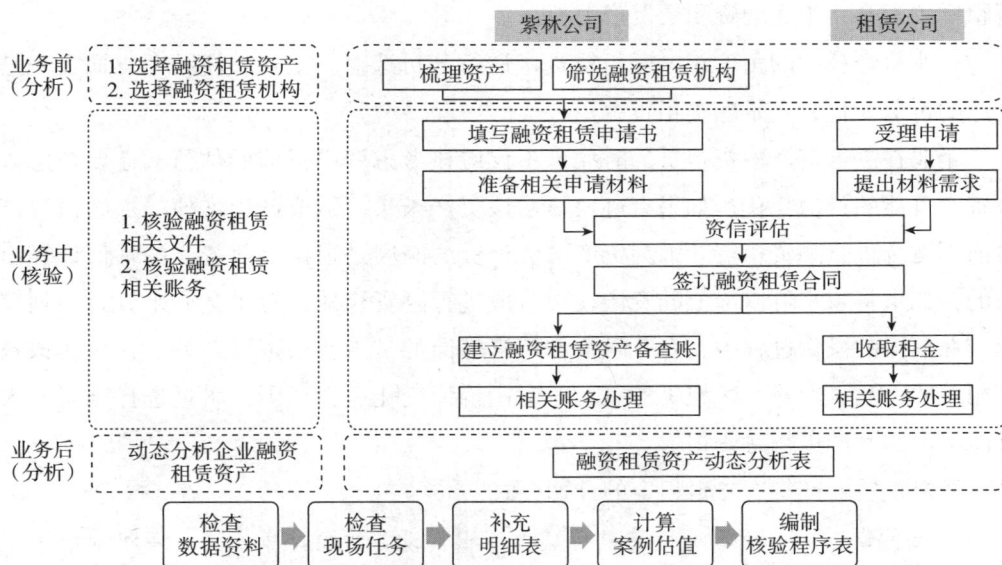

图8-2　融资租赁中的估值数据复核与分析业务流程

二、业务操作

（1）梳理资产评估报告中的资产，从合规性的角度，筛选出可以进行融资租赁的资产，生成拟融资租赁资产清单。

在此过程中，企业首先要根据《金融租赁公司管理办法》和相关法律规定，梳理资产评估报告中的资产，选择可以进行融资租赁的资产类型。然后企业需要对拟融资租赁的资产进行核验，主要是从形式和内容方面核验该资产的权属信息。形式方面为核验该资产的相关权属资料是否真实、齐全，内容方面为核验该资产的权利状况是否完整、清晰，如确定权利内容和权利归属，了解是否有产权瑕疵以及权利限制等。

如企业经过初步筛选，从合规性角度考虑，有表8-6所示资产可以进行融资租赁。

表 8 – 6　拟融资租赁资产清单

项目	数量	账面价值/万元	评估价值/万元	增减值/万元	权属及状态	其他
真空均质乳化灌装一体机	5	200	185	15	公司拥有产权，无抵押	
厂房	1	1 000	1 200	200	公司拥有产权，无抵押	

（2）分析初步筛选出的拟融资租赁资产，从经济性的角度，筛选出适合进行融资租赁的资产，生成融资租赁资产清单。

企业从经济性的角度对融资租赁资产进行分析选择，主要关注两个方面：一是资产的价值变化；二是融资租赁费用。

企业在进行资产融资租赁的时候，不仅应该考虑资产目前的估值，还要考虑未来资产可能的价值变化。如果有迹象显示该资产未来可能会产生增值，那么该资产目前不适合进行融资租赁。因为资产融资租赁的额度是根据目前资产的估值计算出来的，如果将未来可以增值的资产在现阶段进行融资租赁，对于企业来说是不划算的。在具体的操作过程中，企业融资部门管理岗的员工要根据资产特点，收集该资产相关的行业、产业、区域等信息，对资产价值变化进行预测，尽量选择未来不太可能增值的资产进行融资租赁。

融资租赁资产每次支付租金的计算公式：

$$每次支付租金 = [（租赁设备购置成本 - 租赁设备的预计净残值）+ 租赁期间的利息 + 租赁期间的手续费] / 租期$$

为使租金最少、财务负担最轻，企业应尽可能选择估值略大于所融资金额的资产。

如经过分析判断，企业所拥有的厂房未来有可能升值，且可融资金额远超所需筹资额，租金负担较重，因此不适合进行融资租赁，因此生成最终的融资租赁资产清单，具体内容见表 8 – 7。

表 8 – 7　融资租赁资产清单

项目	数量	账面价值/万元	评估价值/万元	增减值/万元	权属及状态	其他
真空均质乳化灌装一体机	5	200	185	15	公司拥有产权，无抵押	

任务评价

融资租赁中的估值数据复核与分析评价见表 8 – 8。

表8-8 融资租赁中的估值数据复核与分析评价

编号			工作内容清单	分值	正确率/%	得分
1	复核	文件	正确复核目标资产状况（权属、价值）	10		
			正确复核企业信用状况	5		
			正确复核企业基本情况资料	10		
			正确复核企业法人营业执照、贷款卡、法人代表身份证正反两面	5		
			正确复核企业简介、企业高管介绍、股东会决议、公司章程	5		
			正确复核公司经营业绩介绍和最近3个年度的财务报表及审计报告	5		
			正确复核企业融资租赁申请书	5		
			正确复核企业融资租赁资产价值评估表	5		
			正确复核融资租赁合同	5		
		账务	正确复核融资租赁资产备查账	10		
2	分析	融资租赁资产	正确选择融资租赁资产	5		
			正确填写融资租赁资产动态分析表	20		
		融资租赁机构	选择合适的融资租赁机构	10		
合计				100		

任务8-3　不良金融资产处置中的估值数据复核与分析

学习目标

1. 严格遵守业务办理流程，做到遵章守规，按制度办事，按规矩办事，按流程办事。

2. 能使用摩估云平台完成任务。

情境导入

紫林公司曾由于经营不善，一度处于关停状态，该公司所欠工商银行的贷款本息1 900 249元，经过贷后调查被银行认定为可疑类贷款。工商银行出于经营战略的需要，拟对不良金融资产进行处置，处置方式为将紫林公司在内的数十家公司的不良金融资产批量转让给金融资产管理公司，为了摸清这些债权资产的价值，需要对资产的价值进行评估。因此，工商银行要对该不良金融资产引用估值数据进行复核与分析，为进行资产价值评估和处置这些不良债权资产提供价值参考，并保证信息的完整性、准确性和转让交易的合规性、合法性与时效性。

业务分解

工商银行是紫林公司的债权人，当时紫林公司已经停产，原向银行的贷款已经被银行认定为不良资产，本次估值的对象为工商银行所持有的紫林公司债权，具体为紫林公司所欠银行的 1 900 249 元债权。本次估值的范围为涉及工商银行所持有的紫林公司债权的资产和负债，具体包括：紫林公司的资产和负债，包括已抵押资产和未抵押资产；紫林公司的债务保证人的资产和负债。

工商银行计划对这些不良资产进行价值评估和转让。为实现这一目标，在业务前期，银行资产管理部门员工需完成以下两项核心工作：一是对不良金融资产处置中引用的估值数据进行复核，二是基于估值数据对不良金融资产处置进行深入分析。复核工作涵盖两方面内容：一是核查不良资产的相关文件，二是审查不良资产的账务处理流程。业务结束后，银行还需持续开展不良资产的动态分析，以全面掌握目标公司及其债务保证人的资产负债状况，从而准确评估企业的财务风险。

任务布置

不良金融资产处置中的估值数据复核与分析任务清单见表 8-9。

表 8-9　不良金融资产处置中的估值数据复核与分析任务清单

编号		任务名称
1	复核	复核不良金融资产相关文件
		复核不良金融资产相关账务
		复核不良金融资产处置流程
2	分析	分析并确定拟处置的不良金融资产及其处置方式
		分析并确定拟处置的不良金融资产的评估价值
		选择转让的处置方式时，分析并确定拟受让的资产管理公司
		分析并确定拟处置的不良金融资产的转让价格

业务要领

（1）分析金融企业资金需求和不良资产估值情况，进行拟处置的不良金融资产的选择和处置方式的选择，注意选择的资产的范围、处置的方式和程序具备合法性、合规性、时效性和经济性。

（2）采取转让这种处置方式时，分析不同资产管理公司办理受让的相关规定。按照公开透明、竞争择优的原则，选择受让资产管理公司。

（3）对相关文件的复核，要注重齐备、完整。

（4）对数值账务的复核，要注重真实、准确。

（5）在不良金融资产处置业务中要有内控和风险意识，业务办理和复核分析过程中注重流程的规范性，动态分析不良金融资产处置中可能产生的财务风险和信用风险。

任务实施

一、业务流程

不良金融资产处置中的估值数据复核与分析业务流程如图8-3所示。

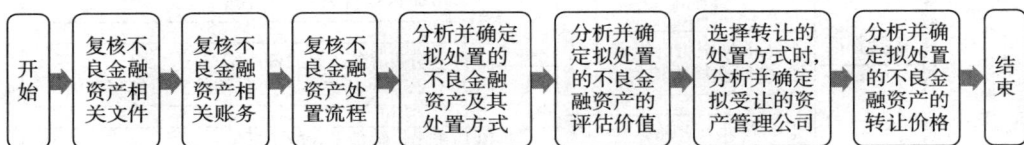

图8-3 不良金融资产处置中的估值数据复核与分析业务流程

以上复核和分析的步骤与不良金融资产处置的流程息息相关，故将以上步骤在不良金融资产处置的流程中予以体现。

二、业务操作

（一）分析确定拟处置的不良金融资产及其处置方式

金融企业根据经营战略的需要分析确定拟处置的不良金融资产及其处置方式。情境导入案例中，银行对紫林公司及其他公司造成的不良金融资产选择批量转让的处置方式。批量转让首先需要资产组包的流程，金融企业应确定拟批量转让不良资产的范围和标准，对资产进行分类、整理，对一定户数和金额的不良资产进行组包，根据资产分布和市场行情，合理确定批量转让资产的规模。

（二）复核不良金融资产处置流程

根据确定的不良金融资产处置方式，梳理其处置流程，保证流程的完整、合规合法，不良金融资产批量转让的流程如图8-4所示。

不良资产

银行出售不良资产

不良资产包 | 单个不良资产

是 ← 是否找到单个资产包买家 → 否

联系意向买家并向其转售不良资产 ← 公司直接购买

公司放弃购买

筛选项目 ▷ 注意事项 ▷ (1)有无有关系资源，是否可以掌握债务人的资产真实情况，解决信息不对称的问题；(2)债务人偿债能力的强弱，也就是看债务企业的资金或资产总额的多寡；(3)债权占债务人全部债务的比重，偿债是属于"割肉剜疮"，还是"事关生死"，如采取法律措施，分配资产是否能够起到主导作用；(4)债务企业资产的可分割性，不动产是一宗还是多宗

选择标准

1.在银行出表里（表外）选择项目自行组包购买 → (1)能够快速实现债权的项目
　a.诉讼过程尽可能短
　b.存在意向买家且意向购买额占公司出资额的××%
(2)利润空间较大的项目
　a.抵押物评估有较大提升空间
　b.掌握银行未知的债权信息

2.根据银行已组资产包进行选择购买 → (1)充分了解各项目的资产情况
(2)存在意向买家或有可靠的处置信息和方法

3.在充分了解债务人的基础上向银行及资产公司购买 → (1)充分了解债务人的情况
(2)可以实现同一债务人或相关债务人的多项不良资产的集中购买和集中处置

尽职调查 ▷ 注意事项 ▷ (1)明确谁是债务人，谁来承担债务，最终谁将为债务买单，债务是否存在担保，担保方式是否合法有效，项目是否具备追加新的债务承担主体的可能性，相关证据材料是否充分。(2)关注借款主体和担保人的具体情况，其是否具备还款能力及是否有其他可变现资产；同时还应确保债权人的地位合法有效，需要对债权转让协议、债权转让通知、债权承接人是否符合法律规定的不良资产受让人资格范围等进行审查

聘请第三方尽调机构

尽职调查形式

1.认真核查不良资产档案 → 主要是检查银行提供的资料是否齐全，包括借款合同、抵押合同以及立案证明、裁判文书、查封和执行情况等，认定债权项目的真实性及判断诉讼进行阶段

2.审慎调查债务人、担保人及其债权、债务情况 → 了解债务人及担保人的还债能力、财产状况等基本情况，有利于后续选择对债权项目的处置方法

3.核实勘查抵押物、质押物 → 对抵押物、质押物认真核实，并进行实地的现场勘查，充分了解抵押物、质押物的实际情况，为后期处置抵质押物奠定良好的基础

4.综合分析和定价 → 根据调查结果对不良资产项目进行综合的分析和评估，初步确定合理的收购价格

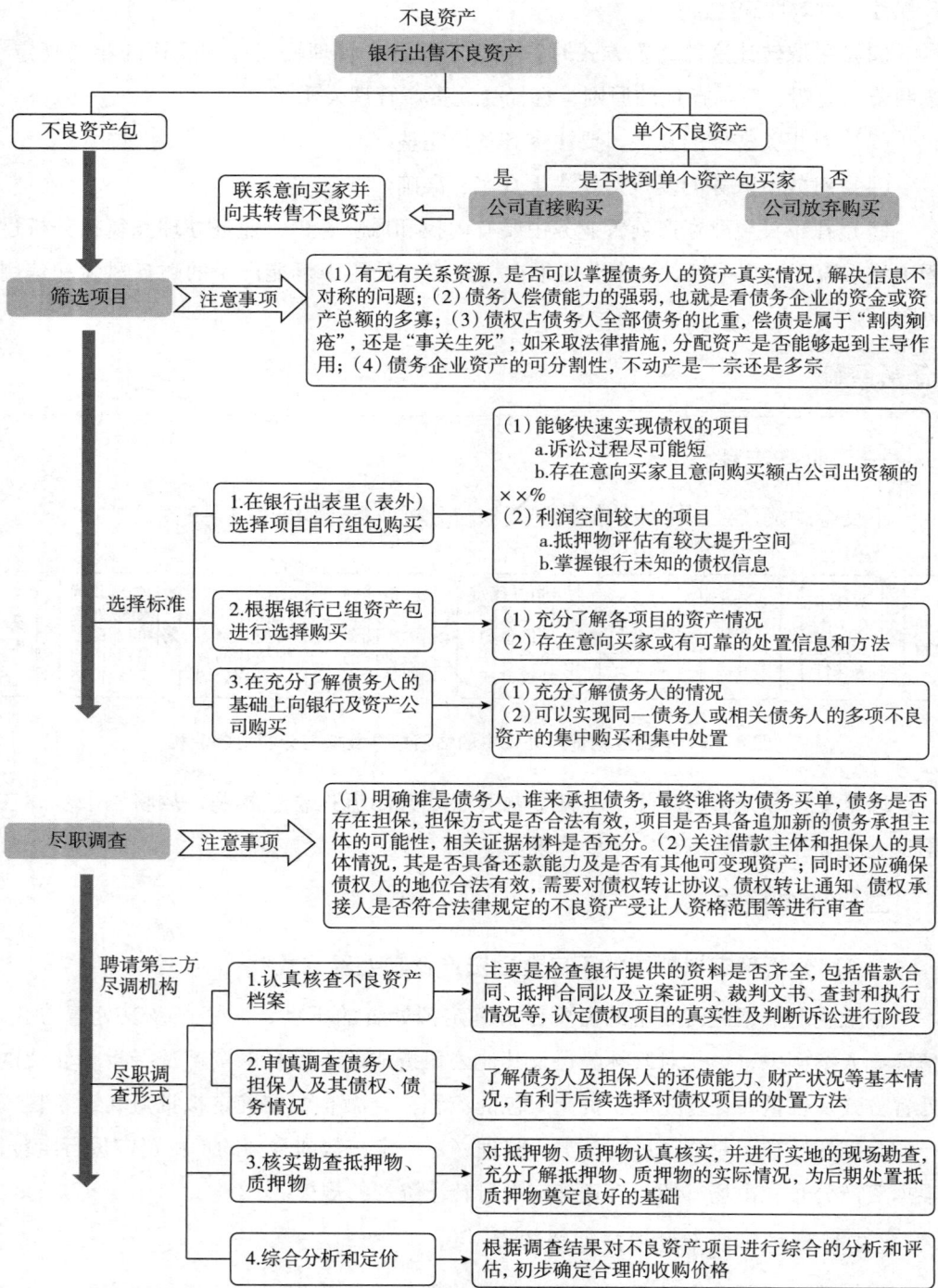

图 8 – 4　不良金融资产批量转让的流程

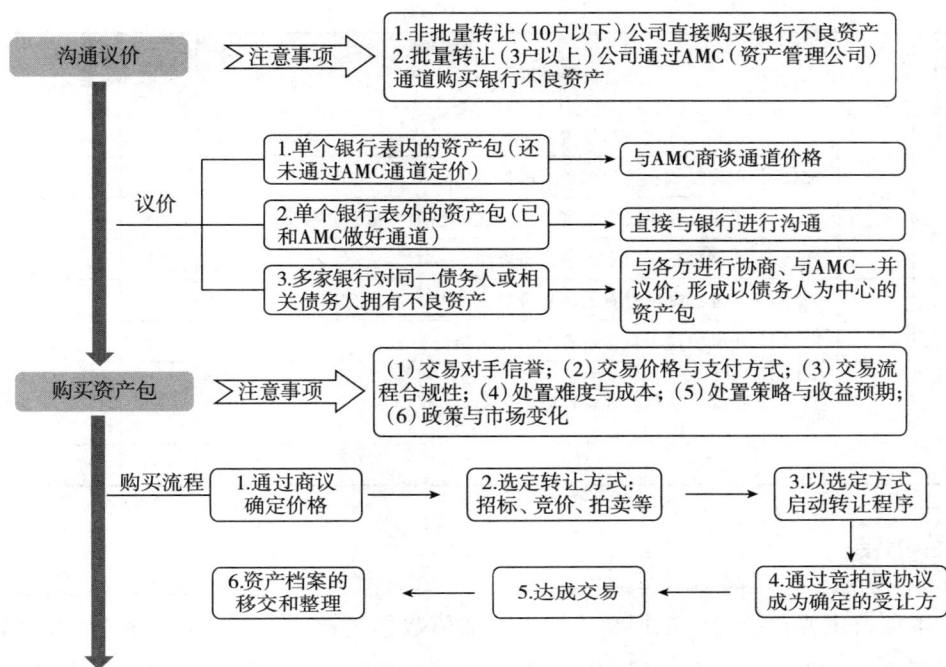

图 8-4 不良金融资产批量转让的流程（续）

任务评价

不良金融资产中的估值数据复核与分析评价见表 8-10。

表 8-10 不良金融资产中的估值数据复核与分析评价

编号	工作内容清单			分值	正确率/%	得分
1	复核	文件	正确复核债务企业法人营业执照、贷款卡、法人代表身份证正反两面	5		
			正确复核企业简介、企业高管介绍、股东会决议、公司章程	5		
			正确复核公司经营业绩介绍和最近 3 个年度的财务报表及审计报告	5		
			正确复核不良金融资产的债权、债务合同	5		
			正确复核不良金融资产的登记、备案	5		
			正确复核不良金融资产评估价值	5		
			正确复核不良金融资产评估报告	5		
			正确复核不良金融资产处置的可行性分析报告	5		

续表

项目			工作内容清单	分值	正确率/%	得分
1	复核	文件	正确复核政府对处置的批复文件（或有）	5		
			正确复核不良金融资产的处置协议	5		
			正确复核不良金融资产的档案（整理、组卷和移交）	5		
		账务	正确复核不良金融资产备查账	10		
2	分析	不良金融资产	正确选择拟处置的不良金融资产及处置方式	10		
			正确填写不良金融资产转让价格分析表	20		
		资产管理公司	选择合适的受让资产管理公司	5		
合计				100		

项目小结

本项目主要包括资产抵押和质押中的估值数据复核与分析、融资租赁中的估值数据复核与分析、不良金融资产处置中的估值数据复核与分析三个任务，各任务主要介绍估值分析与具体的操作流程等相关知识。

项目训练

一、单选题

在进行资产抵押、租赁及不良金融资产处置的估值分析与操作流程中，哪一个步骤是确保估值准确性和合规性的关键环节，且通常涉及对原始数据的详细审查与比对？（　　）

A. 市场调研与数据采集　　　　　　　B. 估值模型的建立与选择

C. 估值数据的复核与分析　　　　　　D. 最终估值报告的撰写

二、多选题

关于资产抵押、租赁及不良金融资产处置中的估值分析与操作流程，以下哪些说法是正确的？（　　）

A. 在进行资产抵押估值时，需对抵押物的市场价值、折旧情况及潜在风险进行全面评估

B. 租赁估值中，除了考虑租赁物的现值外，还需分析租赁期限、租金支付方式等因素对估值的影响

C. 不良金融资产处置的估值，应重点关注资产的回收可能性、处置成本及市场

环境

D. 所有估值过程都需遵循相关法律法规及行业标准，确保估值结果的客观性和公正性

三 、判断题

在不良金融资产处置的估值分析中，由于资产本身存在瑕疵，因此可以忽视对资产历史交易记录和市场趋势的深入分析，直接采用较低的折扣率进行估值。（　　）

项目 9　应用资产处置和交易中的估值数据

项目导语

资产是企业的重要经济资源，企业在经营过程中，为了实现经营战略，会经常遇到各类资产处置和交易，并需要使用估值数据对资产处置结果进行账务数据校验。为了保证数据的准确性，要对数据进行复核与分析，主要包括对房地产、二手车等估值数据进行复核和分析，通过对估值数据的实际应用，进而确认资产处置和交易经济行为的资产价值，使企业在资产处置和交易过程中做到资产价值公允、恰当，更有效地发挥资产价值。

项目思维导图

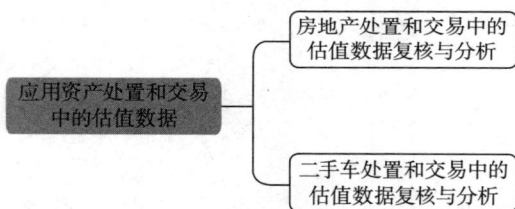

知识准备

一、房地产处置和交易中的估值数据复核与分析

（一）房地产类型

房地产主要包括商品房、集体住房、经济适用房、拆迁安置房、商住两用房、酒店式公寓、小产权的房子等类型。

（二）地产交易形式

（1）一级市场。这是由国家垄断经营的市场，它涉及集体土地所有权的变更和国有土地所有权的实现。其经营业务包括：征用土地，办理产权转移手续；以出售或拍卖的方式转让土地一定时期的使用权；出租土地，定期收取地租等。

（2）二级市场。这是由具有法人资格的土地开发公司对土地进行综合开发、经营所形成的市场。

（三）房地产交易的类型

房地产交易按交易形式的不同，可分为房地产转让、房地产抵押、房地产租赁、房屋互换等。

（四）房地产交易中的相关法规

《中华人民共和国城市房地产管理法》《城市商品房预售管理办法》《民法典》等。

（五）房地产的处置方式

企业可以通过对外出售或转让的方式处置房地产取得处置收益。对于那些由于使用而不断磨损直到最终报废，或者由于遭受自然灾害等非正常损失而毁损的房地产，应当及时进行清理。此外，企业因其他原因，如非货币性交易等而减少投资性房地产，也属于房地产的处置。企业出售、转让、报废房地产或者发生投资性房地产毁损，应当将处置收入扣除其账面价值和相关税费后的金额计入当期损益。

（六）评估价值类型

不同的评估目的对应着不同的假设前提，所以需要选择不同的价值类型。一般来说，价值类型包括市场价值和市场价值以外的价值，市场价值以外的价值包括投资价值、在用价值等。

（1）市场价值。市场价值是指在自愿买方和自愿卖方各自理性行事且未受任何强迫的情况下，评估对象在评估基准日进行正常公平交易的价值估计数额。

（2）投资价值。投资价值是指评估对象对于具有明确投资目标的特定投资者或者某一类投资者所具有的价值估计数额，亦称特定投资者价值。

（3）在用价值。在用价值是指将评估对象作为企业组成部分或者要素资产按其正在使用方式和程度及其对所属企业的贡献所估计的价值数额。

（七）房地产相关价值

固定资产原始价值又叫作"固定资产原始成本""原始购置成本""历史成本"。固定资产原始价值反映企业在固定资产方面的投资和企业的生产规模、装备水平等。它还是进行固定资产核算、计算折旧的依据。

账面净值也称折余价值，是指固定资产原始价值减去已提折旧后的净额。它可以反映企业实际占用在固定资产上的资金数额和固定资产的新旧程度。这种计价方法主要用于计算盘盈、盘亏、毁损固定资产的损益等。

评估价值的原值和净值怎么算？基本上原值可以理解为重置价格，而净值是扣除了已经计提的折旧的金额，一般企业进行资产评估，都是为了以评估出来的价值折算抵押获取银行借款，如果房地产的抵押成数不会太高，则与企业自身的经营状况也有关联。

评估价值的原值就是资产的购置价格，或是同等状态下资产重新购置价格。评估前账面净值就是用账面原值减去已经提取的折旧金额计算的。

（八）企业出售二手房的相关税费

相关税费主要包括：①增值税：9%（一般计税方法）或5%（简易计税方法）。②城市维护建设税：7%、5%或1%。③教育费附加：3%，地方教育附加：2%。④印花税：0.5‰。⑤土地增值税：30%～60%。⑥企业所得税：25%或单位适用优惠税率。

（九）企业出售二手房的增值税

纳税人转让其取得的不动产，包括以直接购买、接受捐赠、接受投资入股、自建以及抵债等各种形式取得的不动产。

纳税人销售取得的不动产，向不动产所在地预缴税款，向机构所在地申报纳税。

1. 一般纳税人转让不动产

（1）营改增之前取得，可选择简易计税方法（表9－1）。

表9－1　一般纳税人转让不动产选择简易计税方法

项目性质	向不动产所在地税务机关预缴	向机构所在地税务机关申报
非自建项目	增值税＝转让差额÷（1＋5%）×5%	与预缴相同
自建项目	增值税＝出售全额（含价外收入）÷（1＋5%）×5%	与预缴相同

【注释】转让差额＝取得的全部价款和价外费用扣除不动产购置原价或者取得不动产时的作价（下同）。

（2）营改增之前取得，可选择一般计税方法。

（3）营改增后取得，适用一般计税方法（表9－2）。

表9－2　一般纳税人转让不动产适用一般计税方法

项目性质	向不动产所在地税务机关预缴	向机构所在地税务机关申报
非自建项目	增值税＝转让差额÷（1＋5%）×5%	增值税＝出售全额÷（1＋9%）×9%－进项税额－预缴税款
自建项目	增值税＝出售全额÷（1＋5%）×5%	增值税＝出售全额÷（1＋9%）×9%－进项税额－预缴税款

2. 小规模纳税人转让不动产计税方法（表9-3）

表9-3　小规模纳税人转让不动产计税方法

项目性质	向不动产所在地税务机关预缴	向机构所在地税务机关申报
非自建项目	增值税 = 转让差额 ÷（1 + 5%）× 5%	与预缴相同
自建项目	增值税 = 出售全额 ÷（1 + 5%）× 5%	与预缴相同

除其他个人之外的小规模纳税人（含个体工商户），向不动产所在地税务机关预缴税款，向机构所在地税务机关申报纳税。

3. 纳税人转让不动产缴纳增值税差额扣除的规定

纳税人转让不动产，按照有关规定差额缴纳增值税的，如因丢失等原因无法提供取得不动产时的发票，可向税务机关提供其他能证明契税计税金额的完税凭证等资料，进行差额扣除。

纳税人以契税计税金额进行差额扣除的，按照表9-4公式计算增值税应纳税额。

表9-4　以契税计税金额进行差额扣除计税方法

契税缴纳时间	税额计算
2016年4月30日及以前缴纳契税	应纳增值税 =［全部交易价格（含增值税）- 契税计税金额（含营业税）］÷（1 + 5%）× 5%
2016年5月1日及以后缴纳契税	应纳增值税 =［全部交易价格（含增值税）÷（1 + 5%）- 契税计税金额（不含增值税）］× 5%

（十）土地增值税

转让国有土地使用权、地上的建筑物及其附着物并取得收入的单位和个人，为土地增值税的纳税义务人。

土地增值税的征税对象是转让房地产所取得的增值额。增值额就是纳税人转让房地产取得的收入减除《中华人民共和国土地增值税暂行条例》和《中华人民共和国土地增值税暂行条例实施细则》规定的扣除项目金额后的余额。按增值额的多少对应四级超率累进税率，计算土地增值税。

纳税人转让房地产取得的收入，包括货币收入、实物收入和其他收入。营改增后，纳税人转让房地产取得的收入为不含增值税收入。扣除项目包括：取得土地使用权所支付的金额、房屋及建筑物的评估价格（或者购置价格）、与转让房地产有关的税金（包括取得房屋时缴纳的契税）。提供评估报告的，可以同时扣除评估费用。

土地增值税计算方法如下。

第一步，计算增值额：增值额＝收入－扣除项目。

第二步，计算增值额占扣除项目金额的比例：比例＝增值额/扣除项目金额×100%。

第三步，计算应纳税额：应纳税额＝增值额×税率－扣除项目金额×速算扣除系数。

（十一）房地产处置的账务处理

1. 自用的房地产

　　借：固定资产清理

　　　　累计折旧

　　　贷：固定资产

收到价款：

　　借：银行存款

　　　贷：固定资产清理

　　　　　应交税费——应交增值税（销项税额）

结转固定资产清理后的净收益：

　　借：固定资产清理

　　　贷：资产处置损益（营业外支出）

2. 投资性房地产

当采用成本法核算时，会计分录为

　　借：银行存款

　　　　投资性房地产累计摊销

　　　贷：投资性房地产

当采用权益法核算时，要看处置时是亏损还是盈利，盈利的话贷其他综合收益，亏损的话借资产减值损失，会计分录为

　　借：银行存款

　　　　投资性房地产减值损失

　　　贷：投资性房地产

　　　　　其他综合收益

二、二手车处置和交易中的估值数据复核与分析

（一）二手车

二手车，是指从办理完注册登记手续到达到国家强制报废标准之前进行交易并转移所有权的汽车（包括三轮汽车、低速载货汽车，即原农用运输车，下同）、挂车和摩托车。

（二）《二手车流通管理办法》相关规定

第十一条：二手车交易市场经营者和二手车经营主体应当依法经营和纳税，遵守商业道德，接受依法实施的监督检查。

第十二条：二手车卖方应当拥有车辆的所有权或者处置权。二手车交易市场经营者和二手车经营主体应当确认卖方的身份证明，车辆的号牌、《机动车登记证书》、《机动车行驶证》，有效的机动车安全技术检验合格标志、车辆保险单、交纳税费凭证等。国家机关、国有企事业单位在出售、委托拍卖车辆时，应持有本单位或者上级单位出具的资产处理证明。

第十三条：出售、拍卖无所有权或者处置权车辆的，应承担相应的法律责任。

（三）评估程序

二手车鉴定评估机构应当参照《二手车鉴定评估技术规范》（GB/T 30323—2013）中二手车鉴定评估程序开展工作：一是受理鉴定评估，二是查验可交易车辆，三是签订委托书，四是登记基本信息，五是判别事故车，六是鉴定车辆技术状况，七是评估车辆价值，八是撰写并出具鉴定评估报告，九是归档工作底稿。

（四）二手车处置中的相关税费

增值税一般纳税人企业销售其名下的二手车，增值税的计算分两种情况。

（1）如该车辆在购进时已认证抵扣增值税进项税额，则按适用税率（即13%）计算增值税销项税额，汇入企业当期销项税额计算缴纳增值税；

（2）如该车辆在购进时没有认证抵扣增值税进项税额，或按政策不允许抵扣进项税额，则按3%征收率减按2%简易征收增值税。

增值税小规模纳税人企业销售其名下的二手车，按3%征收率减按2%征收增值税。

（1）根据财税2023年第19号文规定，增值税小规模纳税人适用3%征收率的应税销售收入，减按1%征收率征收增值税（此政策执行至2027年12月31日）；

（2）小规模纳税人二手车销售额应并入当期应纳税销售收入总额，以确定是否

应缴纳增值税（小规模纳税人季度销售总额不超过 30 万元免征增值税）。

二手车经销企业，销售购进的二手车减按 0.5% 征收增值税，销售额 = 含税销售额/（1 + 0.5%）。

除增值税之外，销售二手车还涉及城市维护建设税、教育费附加、地方教育附加、印花税、企业所得税等。

（五）车辆报废补贴

根据《财政部 商务部关于印发〈老旧汽车报废更新补贴资金管理办法〉的通知》等有关规定，老旧汽车报废更新补贴车辆范围及补贴标准为：使用 10 年以上（含 10 年）且不到 15 年的半挂牵引车和总质量大于 12 000 千克（含 12 000 千克）的重型载货车（含普通货车、厢式货车、仓栅式货车、封闭货车、罐式货车、平板货车、集装箱车、自卸货车、特殊结构货车等车型，不含全挂车和半挂车），补贴标准为每辆车 18 000 元。

报废车具体补贴标准：①报废重型载货车，每辆补贴 18 000 元。②报废中型载货车，每辆补贴 13 000 元。③报废轻型载货车，每辆补贴 9 000 元。④报废微型载货车，每辆补贴 6 000 元。⑤报废大型载客车，每辆补贴 18 000 元。⑥报废中型载客车，每辆补贴 11 000 元。⑦报废小型载客车（不含轿车），每辆补贴 7 000 元。⑧报废微型载客车（不含轿车），每辆补贴 5 000 元。⑨报废 1.35 升及以上排量轿车，每辆补贴 18 000 元。⑩报废 1 升（不含）至 1.35 升（不含）排量轿车，每辆补贴 10 000 元。⑪报废 1 升及以下排量轿车、专项作业车，每辆补贴 6 000 元。

（六）二手车交易相关内容

二手车过户流程：首先需要开具二手车交易发票，由车管所验车，验车通过以后进行选号，最后换新号牌，换领新行驶证，变更登记证书。所需资料：①《机动车注册、转移、注销登记/转入申请表》原件。②现机动车所有人的身份证明原件及复印件；机动车所有权转移的证明、凭证原件及复印件。其中，二手车销售发票、《协助执行通知书》和国家机关、企业、事业单位和社会团体等单位出具的调拨证明应当是原件。③《中华人民共和国海关监管车辆解除监管证明书》或者海关批准的转让证明原件（海关监管的机动车）。④行驶证原件；机动车查验记录表原件（张贴机动车标准照片和车架号拓印）。⑤机动车登记证书原件。⑥机动车标准照片 1 张。⑦《授权委托书》及代理人身份证明（由代理人代理申请的机动车登记和相关业务）。

（七）二手车处置的账务处理

1. 将固定资产清理时的固定资产－车辆账面价值转入"固定资产清理"

借：固定资产清理

累计折旧

固定资产减值准备

贷：固定资产－车辆

2. 支付清理费

借：固定资产清理

应交税费——应交增值税（进项税额）

贷：银行存款

3. 固定资产处置回收价值

借：其他应收款、银行存款或原材料

贷：固定资产清理

应交税费——应交增值税（销项税额）或

应交税费——未交增值税

4. 固定资产处置实现盈余时

借：固定资产清理

贷：资产处置损益

5. 固定资产处置形成亏损时

借：资产处置损益

贷：固定资产清理

任务 9 - 1　房地产处置和交易中的估值数据复核与分析

学习目标

1. 会使用摩估云平台对企业房地产的勘查资料进行复核，并根据企业财务报表数据进行修改和完善。

2. 掌握房地产处置和交易中估值数据的核查程序与分析方法。

3. 会按照评估数据应用场景的要求对企业房地产持有和处置的效益进行分析。

情境导入

紫林公司现有一处投资性房地产，为了了解房地产市场价值并能提供价值参考，已委托第三方评估机构完成评估，取得评估报告。这样企业能够在资产处置和交易过程中做到资产价值公允、恰当，更有效地发挥资产价值。为了保证信息的完整性、准确性和交易的合规合法、时效性，需要对相关处置资料进行复核和分析。

根据已获得的房地产评估结果说明报告，该宗房地产基本信息为：房屋实体位于武汉市江岸区解放公园小区 31 栋 1 层 4 室，总建筑面积为 140.29 平方米，建于 1996 年。房地产在评估基准日 2018 年 12 月 31 日的市场价值的评估结论如下：委估资产账面价值 26.86 万元，评估值 368.54 万元，评估增值 341.68 万元，增值率 1 272.08%。本次评估市场价值未考虑增值税及其他交易税费。

企业处置投资性房地产的目的是实现经营战略。紫林公司要对已有的投资性房地产做账务查询、委托评估，才能确认其是否需要处置，故须经过内部完成审核公告，才能到武汉市产权交易所进行公开交易处置。

在整个任务完成过程中，数据获取及使用是重要的一环。其必须依据评估报告完成，并填写各类公告函等。数据的具体意义表现在对房地产公允价值的精准性、支撑性反映，是做到合理处置的重要依据。

任务布置

紫林公司为了对房地产交易中的估值数据复核与分析，在交易过程中，需要企业资产管理部门经理首先对相关资料和流程进行复核。一是核对房地产的信息报告和资产评估报告相关内容；二是核对相关处置流程手续是否完整；三是复核《非国有产权转让信息发布申请书》《转让申请与承诺》撰写是否规范、完整；四是复核填写的《标的企业简况》《转让方简况》《交易条件与受让方资格条件》《发布信息（公开交易方式）》；五是复核账务处理是否正确，然后对房地产处置进行分析，主要分析该房地产处置对企业现金流的影响。房地产处置和交易中的估值数据复核与分析任务清单见表 9-5。

表 9-5 房地产处置和交易中的估值数据复核与分析任务清单

编号		任务名称
1	复核	复核房地产处置过程中相关文件
		复核房地产处置账务处理
2	分析	分析房地产的处置对企业现金流的影响
		分析房地产持有和处置的效益

业务要领

（1）核对房屋交易过程中的相关资料，保证数据的准确性和资料的完整性。

（2）核对房地产处置过程中的流程手续是否完整。

（3）检查公司处置房地产的账务处理是否正确。

（4）分析企业房地产的处置时机。

（5）分析在处置房地产过程中的注意事项。

任务实施

一、业务流程

房地产处置和交易中的估值数据复核与分析业务流程如图9-1所示。

图9-1　房地产处置和交易中的估值数据复核与分析业务流程

二、业务操作

（一）办理二手房买卖流程需要提交的材料

资料主要包括：①登记申请书原件（受理窗口提供）。②申请人身份证明。③房屋所有权证原件。④存量房买卖合同原件。⑤买卖双方当事人约定通过专有账户划转交易结算资金的，应提交存量房交易结算资金托管凭证原件；买卖双方当事人约定自行划转交易结算资金的，应提交存量房交易结算资金自行划转声明原件。⑥契税完税或减免税凭证原件。⑦房屋所有权证上的房屋登记表、房屋平面图。⑧其他资料，如家庭成员的身份证明、结婚证明、户籍证明及其他材料原件等。

（二）委托办理的证明材料

（1）委托代理人登记的，提交授权委托书原件、委托人身份证明、受托人身份证明；授权委托书中记载的委托事项、权限应明确；授权委托书经公证的，可不再核对委托人的身份证明原件。

（2）转让人为自然人的，委托书应公证。

（3）境外法人、其他组织、个人的委托书、有关登记材料应公证。中国香港出具的公证书，应由中国法律服务（香港）有限公司加盖转递专用章；中国台湾出具的公证书应由中国公证协会或者北京市公证协会确认；外国申请人委托代理人申请房屋登记的，其授权委托书、有关登记材料应当公证。在外国公证的证明文件，需要中国驻该国使、领馆认证；与中国没有外交关系的国家，由与该国和中国都有外交关系的第三国的中国使、领馆认证。

（4）无（限制）民事行为能力人的房屋登记，由其监护人代为申请，提交监护人身份证明、被监护人居民身份证或户口簿（未成年人）、证明法定监护关系的户口簿或者其他能够证明监护关系的法律文件。

（5）处分未成年人房屋申请登记的，还应当提供由监护人出具的为被监护人利益的书面保证原件。

（6）当事人约定合同经公证生效的，应当提交有关合同的公证文书原件。

（7）登记申请材料是外文的，应同时提交经公证的中文译本原件。

（8）出卖房屋的单位和个人，必须持有房屋所有权证和其他有关证件。房屋开发经营企业出卖商品房，必须持有市场监督管理机关核发的营业执照。

1. 收集房地产处置中相关资料并进行核对

收集房产证、合同发票、累计折旧明细账、房地产估值报告、《转让申请与承诺》、《标的企业简况》、《转让方简况》、《交易条件与受让方资格条件》、《发布信息（公开交易方式）》等（表9-6）。

表9-6　房地产处置相关文件复核表

部门：	日期：		复核人：
	资料类别与名称	是否齐全、填写是否准确	意见与建议
资产处置相关文件	房产证		
	合同发票		
	房地产估值报告		
	企业法人营业执照、法人代表身份证正反两面		
	《转让申请与承诺》		
	《标的企业简况》		
	《转让方简况》		
	《交易条件与受让方资格条件》		
	《发布信息（公开交易方式）》		
	房地产买卖合同		

2. 核对房地产处置流程是否完整、合规

房地产处置审批流程相关文件复核表见表9-7。

表9-7 房地产处置审批流程相关文件复核表

部门：		日期：	复核人：
资产处置 审批流程	资料类别与名称	是否齐全、是否有相关审批流程	意见与建议
	资产处置计划		
	资产处置申请表		
	资产评估报告		

3. 账务处理复核

依据《企业会计准则》关于固定资产处置以及投资性房地产处置的账务处理的要求，核对企业账务处理是否准确。

4. 分析与决策

1) 房屋转让时机选择

房屋受市场和国家政策的影响，价格会有波动。企业要根据评估价值，同时结合市场价格选择合适的时机进行转让，具体可根据周边的配套设施，以及周边房价的动态数据，同时结合中介公司的报价，选择合适的时机进行转让。

2) 房屋转让时注意事项

房屋转让时注意事项主要包括：①房产的产权资料是否完整，转让房产时注意审查房产证和相关合同。②房产的完税证明资料是否完整，查看完税证明。③审查房产有无抵押、出租等事项，如果房产有抵押，要想处置需要先解除抵押，如果有出租，要解除租赁合同才允许出售转让。④转让过程中相关税费，房屋转让涉及增值税、土地增值税、印花税、契税等，要根据国家的规定及时缴纳税费。同时转让之前做好税费的预算。

任务评价

房地产处置和交易中的估值数据复核与分析评价见表9-8。

表9-8 房地产处置和交易中的估值数据复核与分析评价

编号	任务名称	分值	正确率/%	得分
1	复核房地产处置过程中相关文件	25		
2	复核房地产处置账务处理	25		
3	分析房地产的处置对企业现金流的影响	25		
4	分析房地产持有和处置的效益	25		
	合　计	100		

任务 9-2　二手车处置和交易中的估值数据复核与分析

学习目标

1. 会使用摩估云平台对企业二手车的相关资料进行复核，并根据企业财务报表数据进行修改和完善。

2. 掌握二手车处置和交易中估值数据的核查程序与分析方法。

3. 会按照评估数据应用场景的要求对企业二手车处置的损益进行分析。

情境导入

紫林公司有在用的部分公务车辆，已经使用 10 余年，预计 3 台，车况不佳，经常维修，不能满足企业需要，公司拟将其处置。已于 2019 年 8 月委托评估公司完成评估，取得评估报告。于 2020 年 3 月底前由资产管理处根据评估报告结果办理对这 3 台陈旧车辆的处置申报、处置交易。于 5 月初完成处置，交由财务部门进行相关账务处理。

企业处置在用的部分公务车辆的目的是实现资产清核的战略。紫林公司只有对在用部分公务车辆做账务查询、委托评估，才能确认其处置价值，进而才能到北京市二手车交易市场完成交易处置。

为了保证估值数据的准确性和合理性，在处置过程中，要对估值数据进行复核和分析。

任务布置

围绕"二手车处置"这一目标，紫林公司资产管理部负责人安排管理岗人员，根据企业固定资产车辆的财务资料和评估报告，复核企业车辆资料，审查二手车处置流程是否合规合法，复核账务处理是否正确。二手车处置和交易中的估值数据复核与分析任务清单见表 9-9。

表 9-9　二手车处置和交易中的估值数据复核与分析任务清单

编号		任务名称
1	复核	企业车辆购置发票
		车辆明细账
		车辆行驶证
		机动车登记证书
		车辆照片

编号	任务名称	
1	复核	交易双方的营业执照及法人证明
		车辆购置税完税凭证
		车辆买卖合同
		车辆评估报告
		资产处置计划
		资产处置申请表
2	分析	分析转让二手车的账务处理
		分析二手车处置的损益
		对二手车处置进行决策分析

业务要领

（1）核对二手车的原值与净值，结合企业明细账、固定资产台账、折旧明细表以及相关发票、合同等，保证数据的准确性。

（2）复核评估报告中关于二手车的相关信息、评估原值以及评估净值，注意准确性与完整性。

（3）检查公司处置二手车的账务处理是否正确。

（4）分析处置的渠道。

（5）分析二手车处置过程中的相关手续是否合法。

任务实施

一、业务流程

二手车处置和交易中的估值数据复核与分析业务流程如图 9-2 所示。

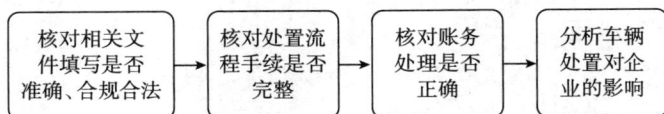

核对相关文件填写是否准确、合规合法 → 核对处置流程手续是否完整 → 核对账务处理是否正确 → 分析车辆处置对企业的影响

图 9-2 二手车处置和交易中的估值数据复核与分析业务流程

二、业务操作

（一）收集二手车相关资料并进行复核

收集企业二手车相关资料，并复核（表 9-10）。

161

表9-10 二手车处置相关文件复核

部门：	日期：		复核人：
	资料类别与名称	是否齐全、填写是否准确	意见与建议
资产处置 相关文件	企业车辆购置发票		
	车辆明细账		
	车辆行驶证		
	机动车登记证书		
	车辆照片		
	交易双方的营业执照及法人证明		
	车辆购置税完税凭证		
	车辆买卖合同		
	车辆评估报告		

（二）核对二手车处置流程是否合规、手续是否完整

根据企业的资料核对评估报告中关于二手车的资料是否齐全、数据是否准确（表9-11）。

表9-11 二手车处置审批流程相关文件复核

部门：	日期：	复核人：
	资料类别与名称	是否齐全、是否有相关审批流程	意见与建议
资产处置 审批流程	资产处置计划		
	资产处置申请表		
	资产评估报告		

（三）账务处理复核

依据《企业会计准则》关于固定资产二手车处置的账务处理的要求，核对企业账务处理是否准确。

（四）分析与决策

1. 处置渠道的分析

从消费者处置二手车的渠道来看，其分布较为分散，选择二手车经销商、厂商授权的实体店和线上渠道（如优信、瓜子二手车等）相对较多，选择朋友之间交易或其他方式的相对较少。消费者主要通过线上渠道查询二手车残值。线上渠道中，二手车交易电商平台和汽车垂直网站及 App 是最重要的渠道。线下渠道中，家人、朋友或同事的介绍和自己过去的经验为最重要的渠道。企业可根据评估公司的估值，然后参照交易平台的估值进行决策分析，供二手车交易参考。

2. 报废与转让出售的对比分析

二手车报废与转让出售对比分析见表9－12。

表9－12 二手车报废与转让出售对比分析 元

资产编号	资产名称	型号规格	账面原值	账面净值	评估净值	报废补贴
201901	京 NF23H6	雅阁牌 HG7240A 小型轿车	152 000.00	0	11 480.00	18 000
201902	京 NH52C7	雪佛兰科帕奇 KL1DC53F88B 小型越野客车	255 103.00	0	40 580.00	18 000
201903	京 N5K628	沃尔沃牌 YV1AS565671 小型轿车	542 970.00	0	53 102.00	18 000

根据表9－12评估净值与报废补贴的对比第一辆雅阁牌 HG7240A 小型轿车参照评估净值出售的话，收益低于报废补贴，可以直接进行报废，领取报废补贴；雪佛兰科帕奇 KL1DC53F88B 小型越野客车和沃尔沃牌 YV1AS565671 小型轿车，参照评估净值进行出售转让对于企业来说收益更大。

任务评价

二手车处置和交易中的估值数据复核与分析评价见表9－13。

表9－13 二手车处置和交易中的估值数据复核与分析评价

编号		工作内容清单		分值	正确率/%	得分
1	复核	文件	企业车辆购置发票	5		
			车辆明细账	5		
			车辆行驶证	5		
			机动车登记证书	5		
			车辆照片	5		
			交易双方的营业执照及法人证明	5		
			车辆购置税完税凭证	5		
			车辆买卖合同	5		
			车辆评估报告	15		
			资产处置计划	10		
			资产处置申请表	10		
2	分析	处置账务处理	是否正确	15		
		处置结果分析	处置效益分析	10		
合计				100		

项目小结

本项目主要包括房地产处置和交易中的估值数据复核与分析、二手车处置和交易中的估值数据复核与分析两个任务，各任务主要介绍了企业资产数据的复核、分析及其具体操作流程等相关知识。通过对企业资产估值数据的复核与分析，企业投资者、管理者和其他利益相关者可以更好地了解企业价值，并作出明智的决策。

项目训练

一、房地产转让信息披露

【任务背景】

为提高公司资产周转率，祺祥公司决定出售其持有的碧海云天小区二手房。为此，祺祥公司委托中联公司对该房产在评估基准日 2019 年 12 月 31 日进行评估。现在，祺祥公司正填写实物资产转让信息披露申请书。

【业务资料】

1. 中联公司已于 2020 年 1 月 18 日出具资产评估报告。资产评估报告已发送至智能估值数据应用系统。

2. 该房产的账面原值 22 102 561.02 元、账面净值 20 063 680.00 元，其房产证如图 9 - 3 所示。

权 利 人			建 筑 物 及 其 附 着 物		
祺祥新能源汽车有限公司(G36011188[100%]) *************			房地产名称	碧海云天小区一期7号楼C-14B	
土 地			建筑面积	275.6㎡	套内建筑面积	240.87㎡
宗 地 号	T209-0001	宗地面积	41658㎡	用 途	住宅	竣工日期	2003年01月08日
土地用途	住宅	所 在 区	闵行	登 记 价	人民币3063342.00元	
土地位置	闵行区华侨城东路以西白石洲路以北			他 项 权 利 摘 要 及 附 记		
使用年限	70年，从2001年11月28日至2071年11月27日止。			市场商品房。变更登记由原上房地字第4000332624号证变更而来。以下空白		

图 9 - 3　房产证

3. 该房产目前用途为住宅，使用年限为 50 年，其附属设施主要为水电设备，房产的已使用年限按年计算。

4. 本次资产评估无须核准或备案，也无其他需要披露的内容。

【任务要求】

1. 单击【摩估云】进入智能估值数据应用系统，在首页单击【附件下载】找到相应的资产评估报告。阅读该评估报告，确定填写实物资产转让信息披露申请书的相关信息。

2. 单击页面左侧【数据摘录（企业）】【实物资产转让信息披露申请书】进入信息发布申请书系统，根据业务资料及相关内容完成实物资产转让信息披露申请书的"一、标的简况"内容的填写。

【注意】

1. 使用年限和已用年限均需要填写"年"字，使用年限以房屋竣工年份开始计算；

2. 标的名称按资产评估报告中的评估对象确定，房屋坐落按房产证上的信息确定；

3. 日期格式为"YYYY 年 MM 月 DD 日"，如"2020 年 01 月 01 日"；

4. "资产评估情况""其他需要披露的内容"中空白的栏目均需填写"无"。

二、二手车转让信息披露

【任务背景】

为处置低效资产，祺祥公司决定出售其持有的小型轿车昊锐牌 SVW7189BJD。为此，祺祥公司委托中联公司对该车辆在评估基准日 2019 年 12 月 31 日进行评估。现在，祺祥公司正填写实物资产转让信息披露申请书。

【业务资料】

1. 中联公司已于 2020 年 2 月 8 日出具资产评估报告。资产评估报告已发送至智能估值数据应用系统。

2. 该车辆的账面原值为 493 364.00 元，账面净值为 24 668.20 元，车辆行驶证如图 9 - 4 所示，车辆外观如图 9 - 5 所示。

3. 该车辆的使用年限为 15 年，已行驶里程为 332 252 千米。

4. 本次资产评估无须核准或备案，也无其他需要披露的内容。

【任务要求】

1. 单击【摩估云】进入智能估值数据应用系统，在首页单击【附件下载】找

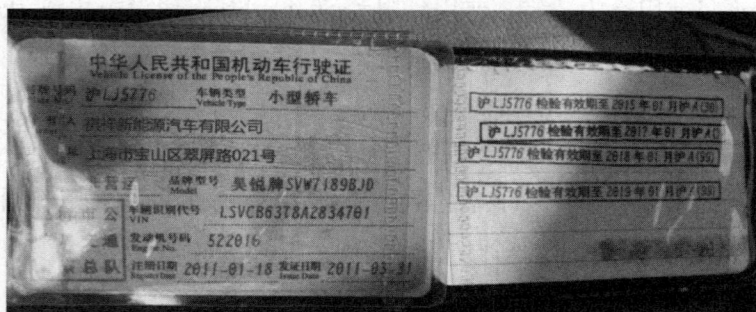

图 9 – 4　车辆行驶证

图 9 – 5　车辆外观

到相应的资产评估报告。阅读该评估报告,确定填写实物资产转让信息披露申请书的相关信息。

2. 单击页面左侧【数据摘录(企业)】【实物资产转让信息披露申请书】进入信息发布申请书系统,根据业务资料及相关内容完成实物资产转让信息披露申请书的"一、标的简况"内容的填写。

【注意】

1. 标的名称按资产评估报告中的评估对象确定,车辆的车型按行驶证上的品牌型号信息确定,登记日期按行驶证上的发证日期确定;

2. 日期格式为"YYYY 年 MM 月 DD 日",如"2020 年 01 月 01 日";

3. "资产评估情况""其他需要披露的内容"中空白的栏目均需填写"无"。

项目 10　应用资本市场中的估值数据

项目导语

企业在改制重组和招拍挂中对资产设备的估值数据进行核验与分析，可以保障公司采集的资产设备权属文件、财务报表、会计凭证、价格信息以及专业报告等数据资料的真实性、准确性和完整性，满足国家法律法规和政策文件关于企业设备评估的要求。对企业资产设备评估方法、评估模型、评估参数和评估结果进行分析，可以帮助企业正确决策，合理量化企业价值，促进企业资产高质量发展。

项目思维导图

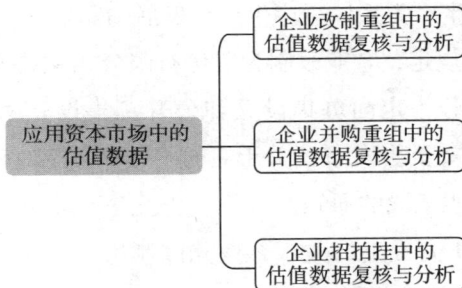

知识准备

一、企业改制重组中的估值数据复核与分析

（一）《资产评估法》

《资产评估法》对于资产评估程序的相关规定：委托人有权自主选择符合本法规定的评估机构，任何组织或者个人不得非法限制或者干预。评估事项涉及两个以上当事人的，由全体当事人协商委托评估机构。委托开展法定评估业务，应当依法选择评估机构。委托人应当与评估机构订立委托合同，约定双方的权利和义务。委托人应当按照合同约定向评估机构支付费用，不得索要、收受或者变相索要、收受

回扣。委托人应当对其提供的权属证明、财务会计信息和其他资料的真实性、完整性和合法性负责。对受理的评估业务，评估机构应当指定至少两名评估专业人员承办。委托人有权要求与相关当事人及评估对象有利害关系的评估专业人员回避。评估专业人员应当根据评估业务具体情况，对评估对象进行现场调查，收集权属证明、财务会计信息和其他资料并进行核查验证、分析整理，作为评估的依据。评估专业人员应当恰当选择评估方法，除依据评估执业准则只能选择一种评估方法的外，应当选择两种以上评估方法，经综合分析，形成评估结论，编制评估报告。评估机构应当对评估报告进行内部审核。评估报告应当由至少两名承办该项业务的评估专业人员签名并加盖评估机构印章。评估机构及其评估专业人员对其出具的评估报告依法承担责任。委托人不得串通、唆使评估机构或者评估专业人员出具虚假评估报告。评估机构开展法定评估业务，应当指定至少两名相应专业类别的评估师承办，评估报告应当由至少两名承办该项业务的评估师签名并加盖评估机构印章。

（二）企业改制评估

企业改制是改革企业体制的简称。企业改制的核心是经济机制的转变和企业制度的创新，实质是调整生产关系以适应生产力发展的需要。

按照《公司法》的规定，企业改制为股份有限公司主要有募集设立和发起设立两种模式。募集设立又分为定向募集设立和公开募集设立两种方式：1994年6月19日国家经济体制改革委员会发布《关于立即停止审批定向募集股份有限公司并重申停止审批和发行内部职工股的通知》以后，停止审批定向募集股份有限公司。按照中国证监会1998年11月提出的关于企业先改制后发行的要求，公开募集设立方式也于1998年底之后就不再实施。国内企业改制为股份有限公司实际上只有发起设立一种途径。发起设立又可以分为新设成立和有限责任公司整体变更两种方式：新设成立是指按照《公司法》的规定，设立股份有限公司应当有1人以上200人以下为发起人，由发起人认购设立公司时应发行的全部股份而设立公司。有限责任公司整体变更是指有限责任公司符合《公司法》关于设立股份有限公司的条件要求时，由有限责任公司的股东作为发起人，以有限责任公司经审计的净资产等额折股，将有限责任公司变更为股份有限公司。设立股份有限公司后，有限责任公司不复存在，原有限责任公司的所有资产、债权和债务等全部由股份有限公司继承。

（三）公司价值评估的主要方法

1. 相对估值方法

相对估值方法简单易懂，也是应用最广的估值方法。在相对估值方法中，常用的指标有市盈率（P/E）、市净率（PB）、EV/EBITDA 倍数等，它们的计算公式分别如下：

$$市盈率 = 每股价格/每股收益$$

$$市净率 = 每股价格/每股净资产$$

$$EV/EBITDA = 企业价值/息税、折旧、摊销前利润$$

式中：企业价值为公司股票总市值与有息债务价值之和减去现金及短期投资。

2. 绝对估值方法

股利折现模型和自由现金流折现模型采用了收入的资本化定价方法，预测公司未来的股利或者未来的自由现金流，然后将其折现得到公司股票的内在价值。股利折现模型最一般的形式如下：

$$V = D_1 / (r + g) + D_2 / (r + g)^2 + D_3 / (r + g)^3 + \cdots$$

式中：V 表示股票的内在价值；D_1、D_2、D_3 等表示未来的股利；r 表示无风险利率；g 表示股利增长率。

3. 收益法之现金流折现

现金流折现法的估值公式为

$$PV = CF_1 / (1 + r) + CF_2 / (1 + r)^2 + CF_3 / (1 + r)^3 + \cdots + CF_n / (1 + r)^n$$

式中：PV 表示现值（企业当前价值）；CF_n 表示企业未来第 n 年的自由现金流；r 是贴现率；n 表示年数。

贴现率是处理预测风险最有效的方法，初创公司的预测现金流极富不确定性，其贴现率比成熟公司的贴现率高出很多。寻求种子资金的初创公司的资本成本通常在 50% ~100% 之间，早期的创业公司的资本成本为 40% ~60%，晚期的创业公司的资本成本为 30% ~50%。对比起来，更加成熟的经营记录的公司，资本成本在 10% ~25% 之间。

4. 企业改制评估的账务处理

  借：固定资产

    无形资产

    存货

    应收账款

    ……

  贷：资本公积

二、企业并购重组中的估值数据复核与分析

（一）有限责任公司并购流程

（1）收购方与目标公司或其股东洽谈，初步了解情况，进而达成收购意向，签订收购意向书。

（2）收购方在目标公司的协助下对目标公司的资产、债权、债务进行清理，并进行资产评估，对目标公司的管理构架详尽调查，对职工情况造册统计。

（3）收购双方及目标公司债权人代表组成小组，草拟并通过收购实施预案。

（4）债权人与被收购方达成债务重组协议，约定收购后的债务偿还事宜。

（5）收购双方正式谈判，协商签订收购合同。

（6）双方根据公司章程或《公司法》及相关配套法规的规定，提交各自的权力机构就收购事宜进行表决。

（7）双方根据法律法规的要求，将收购合同交有关部门批准或备案。

（8）收购合同生效后，双方按照合同约定履行资产转移、经营管理权转移手续，除法律另有规定外应当依法办理包括股东变更登记在内的工商、税务登记变更手续。

（9）将受让人姓名或者名称、依据约定受让的出资额记载于目标公司的股东名册。

（10）自股东发生变动之日起30日内向市场监督管理部门申请工商变更登记。

（二）企业并购重组评估的账务处理

> 借：固定资产
>
> 无形资产
>
> 存货
>
> 应收账款
>
> ……
>
> 贷：资本公积

三、企业招拍挂中的估值数据复核与分析

（一）《招标拍卖挂牌出让国有建设用地使用权规定》

2002年4月3日国土资源部第4次部务会议通过，2007年9月21日国土资源部第3次部务会议修订。

第一条　为规范国有建设用地使用权出让行为，优化土地资源配置，建立公开、

公平、公正的土地使用制度，根据《中华人民共和国物权法》、《中华人民共和国土地管理法》、《中华人民共和国城市房地产管理法》和《中华人民共和国土地管理法实施条例》，制定本规定。

第二条 在中华人民共和国境内以招标、拍卖或者挂牌出让方式在土地的地表、地上或者地下设立国有建设用地使用权的，适用本规定。

本规定所称招标出让国有建设用地使用权，是指市、县人民政府国土资源行政主管部门（以下简称出让人）发布招标公告，邀请特定或者不特定的自然人、法人和其他组织参加国有建设用地使用权投标，根据投标结果确定国有建设用地使用权人的行为。

本规定所称拍卖出让国有建设用地使用权，是指出让人发布拍卖公告，由竞买人在指定时间、地点进行公开竞价，根据出价结果确定国有建设用地使用权人的行为。

本规定所称挂牌出让国有建设用地使用权，是指出让人发布挂牌公告，按公告规定的期限将拟出让宗地的交易条件在指定的土地交易场所挂牌公布，接受竞买人的报价申请并更新挂牌价格，根据挂牌期限截止时的出价结果或者现场竞价结果确定国有建设用地使用权人的行为。

第三条 招标、拍卖或者挂牌出让国有建设用地使用权，应当遵循公开、公平、公正和诚信的原则。

第四条 工业、商业、旅游、娱乐和商品住宅等经营性用地以及同一宗地有两个以上意向用地者的，应当以招标、拍卖或者挂牌方式出让。

……

第七条 出让人应当根据招标拍卖挂牌出让地块的情况，编制招标拍卖挂牌出让文件。

招标拍卖挂牌出让文件应当包括出让公告、投标或者竞买须知、土地使用条件、标书或者竞买申请书、报价单、中标通知书或者成交确认书、国有建设用地使用权出让合同文本。

第八条 出让人应当至少在投标、拍卖或者挂牌开始日前20日，在土地有形市场或者指定的场所、媒介发布招标、拍卖或者挂牌公告，公布招标拍卖挂牌出让宗地的基本情况和招标拍卖挂牌的时间、地点。

第九条 招标拍卖挂牌公告应当包括下列内容：

（一）出让人的名称和地址；

（二）出让宗地的面积、界址、空间范围、现状、使用年期、用途、规划指标要求；

（三）投标人、竞买人的资格要求以及申请取得投标、竞买资格的办法；

（四）索取招标拍卖挂牌出让文件的时间、地点和方式；

（五）招标拍卖挂牌时间、地点、投标挂牌期限、投标和竞价方式等；

（六）确定中标人、竞得人的标准和方法；

（七）投标、竞买保证金；

（八）其他需要公告的事项。

第十条　市、县人民政府国土资源行政主管部门应当根据土地估价结果和政府产业政策综合确定标底或者底价。标底或者底价不得低于国家规定的最低价标准。

确定招标标底，拍卖和挂牌的起叫价、起始价、底价，投标、竞买保证金，应当实行集体决策。

招标标底和拍卖挂牌的底价，在招标开标前和拍卖挂牌出让活动结束之前应当保密。

（二）企业招拍挂评估的账务处理

借：固定资产

无形资产

存货

应收账款

……

贷：资本公积

任务 10-1　企业改制重组中的估值数据复核与分析

学习目标

1. 掌握企业改制重组中估值数据的核查程序和分析方法。

2. 会根据业务特点选用合理的估值模型，复核估值方法的合理性。

3. 会根据估值结果对提出的改制方案进行分析。

情境导入

紫林公司的生产规模逐渐发展壮大，现有的组织形式已经不能满足其经营发展的需要，企业拟将紫林公司整体改制重组为紫林股份有限公司。企业改制过程中，为了保证企业资产负债的公允性，防止原股东和现有股东利益受损，企业财务部门管理岗需全程对改制方案中引用的估值数据进行复核，并运用估值数据为企业改制重组提供相关分析。

任务布置

围绕保证紫林公司顺利完成改制重组这一目标，企业企划部门管理岗员工要进行三方面的分析决策：一是根据企业资产负债类型，分析运用哪种估值方法对公司价值进行评估；二是根据所运用估值方法分析需要采用的财务指标；三是根据企业资产负债状况，提出改制方案。在此过程中企业财务部门管理岗要进行两方面的复核：一是复核所使用估值方法的合理性，二是复核估值所用基础数据的可靠性。企业改制重组中的估值数据复核与分析任务清单见表 10 – 1。

表 10 – 1　企业改制重组中的估值数据复核与分析任务清单

编号	任务名称	
1	复核	复核估值方法的合理性
		复核估值使用数据的可靠性
2	分析	根据企业的业务特点分析可以使用的估值模型
		根据估值模型分析需要提供的基础数据
		根据估值结果分析提出改制方案

业务要领

（1）分析企业上市改制需求和资产估值情况，按照《企业国有资产法》、《中华人民共和国证券法》（以下简称《证券法》）中有关企业上市规定来确定本次改制估值的关键指标要求。

（2）分析采用不同估值方法所得结果对关键指标的影响。

（3）对估值方法的复核，要注重合理、合规。

（4）对估值数据的复核，要注重真实、准确。

（5）在改制估值业务中要有内控和风险意识，业务办理和复核过程中注重流程的规范性，动态分析估值模型计算中面临的财务风险。

任务实施

一、业务流程

企业改制重组中的估值数据复核与分析业务流程如图 10 – 1 所示。

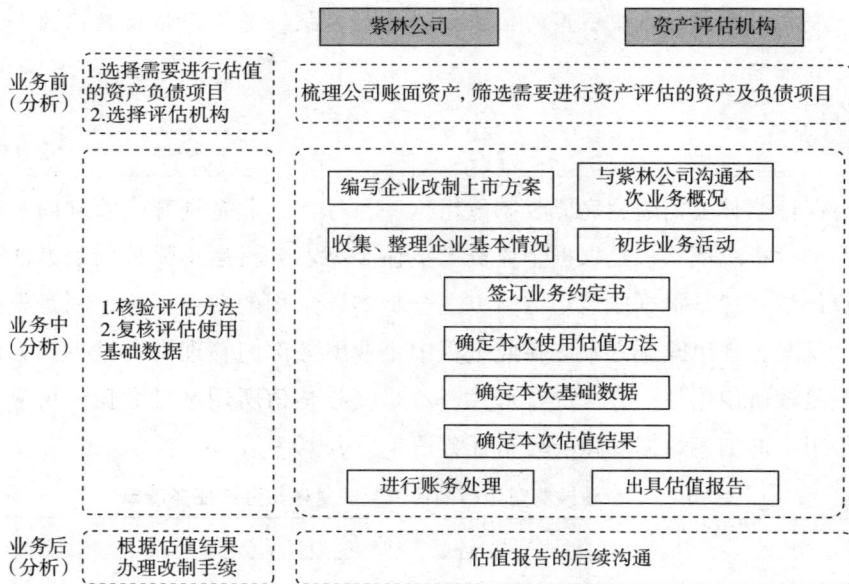

图 10−1　企业改制重组中的估值数据复核与分析业务流程

二、业务操作

（一）选择需要进行估值的资产负债项目

梳理企业的资产、负债，从企业发展角度，筛选出需要进行评估的资产、负债，生成清单。

在此过程中，企业首先要根据《公司法》《证券法》确定企业上市需满足的财务指标及经营指标，评估企业是否能够通过资产评估达成相关要求。筛选需要评估的资产类别。然后企业需对可抵质押的资产进行核验，主要从形式和内容方面核验资产的权属信息。形式方面主要核验资产的权属资料是否真实、齐全，内容方面主要核验资产的权利状况是否完整、清晰，如确定权利内容和权利归属，了解是否有产权瑕疵以及权利限制等。

如企业经过初步筛选，从企业发展角度考虑，表 10−2 中资产可进行上市融资。

表 10−2　拟进行评估上市资产清单（1）

资产名称	处所（存放、使用、保管单位）	数量及单位	评估价值/万元
固定资产 – 建筑物	厂房	1	1 000
固定资产 – 设备	车间 – 生产部门	5	200
非上市股票		1	200
存货	仓库	1	500

（二）选择合适的评估机构

在选择评估机构的过程中，需要进行定量分析和定性分析。定量分析主要考虑评估机构成功完成评估服务并上市的企业数量，一是分析同类型公司的数量，资产评估机构的专业性较强，故对于不同类型企业所擅长的评估领域也不尽相同。评估机构服务过同类型的企业越多，经验自然越丰富。二是分析评估机构所使用的估值方法。方法越相近，对于本次评估的可靠性就越强。

（三）复核估值方法的合理性

在进行上市评估的过程中，对企业现有资产的估值方法往往不是唯一的，我们需要定性地分析资产是否存在活跃的市场价格，是否能够计算可靠的未来现金流入等，从而根据资产的特征去复核估值报告中所运用的估值方法能否反映资产的公允性和准确性。

（四）复核评估使用的基础数据

确定改制重组使用的评估方法后，还应复核使用该方法进行估值时的基础数据是否符合评估的要求，对于未来现金流量预测数值需要按照市场行情进行定量分析，充分考虑折旧抵税、残值回收等影响（表10－3）。

表10－3 估值数据修正指标（1）

资产名称	处所（存放、使用、保管单位）	数量及单位	账面价值/万元
固定资产－建筑物	厂房	1	1 000
固定资产－设备	车间－生产部门	5	200
非上市股票		1	200
存货	仓库	1	500

（五）根据估值结果办理改制手续

估值结果见表10－4。

表10－4 估值结果（1）

资产名称	处所（存放、使用、保管单位）	数量及单位	账面价值/万元	账面修正价值/万元	公允价值	增值率/%
固定资产－建筑物	厂房	1	1 000	1 200	2 000	100
固定资产－设备	车间－生产部门	5	200	300	250	25
非上市股票		1	200	100	500	150
存货	仓库	1	500	700	800	60

根据评估报告给出的公允价值，公司财务部门进行账务处理，根据账务处理结

果，将该企业由有限责任公司变更为股份有限公司，完成企业组织形式变更后，企划部向中国证监会提出上市申请。

任务评价

企业改制重组中的估值数据复核与分析评价见表 10 - 5。

表 10 - 5 企业改制重组中的估值数据复核与分析评价

编号	任务名称	分值	正确率/%	得分
1	复核估值方法的合理性	10		
2	复核估值使用数据的可靠性	10		
3	根据企业的业务特点分析可以使用的估值模型	30		
4	根据估值模型分析需要提供的基础数据	25		
5	根据估值结果分析提出改制方案	25		
	合计	100		

任务 10 - 2 企业并购重组中的估值数据复核与分析

学习目标

1. 掌握企业并购重组中估值数据的核查程序和分析方法。
2. 会根据业务特点选用合理的估值模型，复核估值方法的合理性。
3. 会根据估值结果对提出的改制方案进行分析。

情境导入

紫林公司的生产规模逐渐壮大，为实现纵向一体化的发展战略，企业拟通过并购下游供应链绿森公司。绿森公司是行业内具有较高市场份额的供应链管理头部公司，紫林公司企划部门专门为此事成立了并购领导小组，为保证此次并购重组的公允性，防止紫林公司利益受损，紫林公司企划部门全程跟踪并对相关数据进行了分析。

任务布置

围绕确保紫林公司顺利完成并购重组的目标，企划部门管理岗员工要进行三方面的分析决策：一是分析绿森公司主要经营业务并识别绿森公司的核心资产，分析核心资产是如何给企业带来经济利益的；二是根据核心资产的盈利方式分析其适用的估值模型；三是根据估值数据，提出并购重组方案。紫林公司企划部门管理岗主要进行两方面的复核：一是复核所使用估值方法的合理性，二是复核估值所用基础数据的可靠性。企业并购重组中的估值数据复核与分析任务清单见表10-6。

表10-6 企业并购重组中的估值数据复核与分析任务清单

编号		任务名称
1	复核	复核估值方法的合理性
		复核估值使用数据的可靠性
2	分析	根据企业的业务特点分析可使用的估值模型
		根据估值模型分析需提供的基础数据
		根据估值结果分析提出并购方案

业务要领

（1）分析企业并购重组需求和资产估值情况，按照《公司法》并购重组有关规定确定本次估值的关键指标要求。

（2）分析使用不同估值方法所得出的结果对关键指标的影响。

（3）对估值方法的复核，要注重合理、合规。

（4）对估值数据的复核，要注重真实、准确。

（5）在并购估值业务中要有内控和风险意识，业务办理和复核过程中注重流程的规范性，动态分析估值模型计算中所面临的财务风险。

任务实施

一、业务流程

企业并购重组中的估值数据复核与分析业务流程如图10-2所示。

二、业务操作

（一）分析绿森公司的核心资产

梳理企业资产负债，从盈利所需要的核心资产，筛选出需要进行评估的资产负债，生成清单。

企业首先根据《公司法》《上市公司收购管理办法》等规定，对于企业并购重组需达成的财务及经营指标，评估并购重组是否符合我国法律法规的要求。选择需

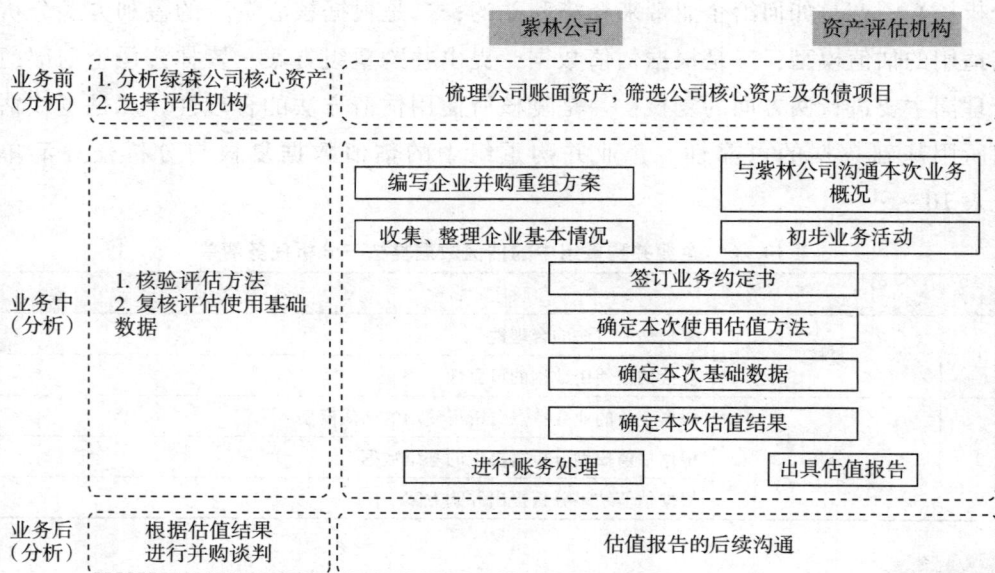

图 10 – 2　企业并购重组中的估值数据复核与分析业务流程

要进行评估的资产类别,然后企业需要对可抵质押的资产核验,主要从形式和内容两方面核验该资产的权属信息。形式方面主要核验该资产的权属资料是否真实、齐全,内容方面主要核验资产的权利状况是否完整、清晰,如确定权利内容和权利归属,了解是否有产权瑕疵以及权利限制等。

经企业初步筛选,确定给绿森公司带来长期可观收益的资产见表 10 – 7。

表 10 – 7　拟进行评估上市资产清单 (2)

资产名称	处所(存放、使用、保管单位)	数量及单位	评估价值/万元
固定资产 – 生产设备	厂房	1	1 000
无形资产 – 专利技术		5	2 000
上市股票		1	200
存货	仓库	1	500

(二)选择合适的评估机构

在选择评估机构的过程中,需要进行定量分析和定性分析。定量分析主要考虑评估机构成功完成评估服务和完成并购重组的企业数量,一是分析同类型公司的数量,由于资产评估的专业性较强,对于不同类型企业所擅长的领域也不尽相同,服务过同类型企业越多,经验自然就越丰富。二是分析评估机构所使用的估值方法,方法越相近,对于本次评估的可靠性就越强。

（三）复核估值方法的合理性

在进行并购重组的过程中，对于拟并购企业现有资产的估值方法往往不是唯一的，我们需要定性地分析资产是否存在活跃的市场价格，是否能够计算出可靠的未来现金流入等情况，从而根据资产的特征复核估值报告中所运用的估值方法是否能够反映资产的公允性和准确性。

（四）复核评估使用的基础数据

确定并购重组使用的评估方法后，还应当复核使用该方法进行估值时所用的基础数据是否符合评估要求，对于未来现金流量预测数值，需要按照市场行情进行定量分析，充分考虑其折旧抵税、残值回收等对现金流的影响（表10-8）。

表10-8 估值数据修正指标（2）

资产名称	处所（存放、使用、保管单位）	数量及单位	账面价值/万元
固定资产-生产设备	厂房	1	1 000
无形资产-专利技术	车间-生产部门	5	2 000
上市股票		1	200
存货	仓库	1	500

（五）根据估值结果进行并购重组谈判

估值结果见表10-9。

表10-9 估值结果（2）

资产名称	处所（存放、使用、保管单位）	数量及单位	账面价值/万元	公允价值/万元	增值率/%
固定资产-生产设备	厂房	1	1 000	2 000	100
无形资产-专利技术	车间-生产部门	5	2 000	5 000	150
上市股票		1	200	500	150
存货	仓库	1	500	800	60

根据评估报告给出的公允价值，绿森公司财务部门进行账务处理。紫林公司根据绿森公司的估值数据，以及并购绿森公司后的战略规划，测算出本次并购能够给紫林公司带来的经济利益，从而确定本次并购的最高价、最低价以及中间价，紫林公司综合评估绿森公司的公允价值及协同价值后拟订并购谈判方案。

任务评价

企业并购重组中的估值数据复核与分析评价见表10-10。

表 10 – 10   企业并购重组中的估值数据复核与分析评价

编号	任务名称	分值	正确率/%	得分
1	复核估值方法的合理性	10		
2	复核估值使用数据的可靠性	10		
3	根据企业的业务特点分析可使用的估值模型	30		
4	根据估值模型分析需提供的基础数据	25		
5	根据估值结果分析提出并购方案	25		
	合计	100		

任务 10 –3   企业招拍挂中的估值数据复核与分析

学习目标

1. 了解招拍挂的相关规定，分析企业是否满足招拍挂对企业的相关要求。

2. 会根据业务特点选用合理的估值模型，复核估值方法的合理性和估值数据的准确性。

3. 会根据土地评估价格确定的拍卖出价进行出价策略分析。

情境导入

紫林公司的生产规模逐渐壮大，营业收入逐年增长，企业拟通过招拍挂的形式购买一宗土地，需要进行外部融资，企业拟通过出售自持土地的方式筹集营运资金。紫林公司企划部门专门为此事项成立了土地招拍挂领导小组，为了保证紫林公司拍到满意的土地，紫林公司企划部门对本次招拍挂进行了全程跟踪，并对相关数据进行了初步分析。

任务布置

围绕保证紫林公司顺利完成土地招拍挂这一目标，企业企划部门管理岗员工要进行三方面的分析决策：一是分析本次招拍挂的要求，企业如何编制招标文件；二是分析参加本次招拍挂企业的基本信息，有哪些强项、弱项，如何在招标文件中体现核心竞争力；三是根据土地的评估价格确定本次拍卖的最高价格、最低价格及出价策略。在此过程中，紫林公司企划部门管理岗要复核土地评估价格的合理性。企业招拍挂中的估值数据复核与分析任务清单见表 10 – 11。

表 10 – 11   企业招拍挂中的估值数据复核与分析任务清单

编号	任务名称	
1	复核	复核估值使用数据的可靠性
2	分析	分析招拍挂的要求
		分析参与招拍挂企业的基本信息
		根据土地评估价格确定拍卖出价

业务要领

（1）分析拟竞拍土地的基本情况，按照《招标拍卖挂牌出让国有建设用地使用权规定》的有关规定确定企业是否满足招拍挂对企业的相关要求。

（2）分析使用不同估值方法所得出的结果对关键指标的影响。

（3）对估值方法的复核，要注重合理、合规。

（4）对估值数据的复核，要注重真实、准确。

（5）在招拍挂估值业务中要有内控和风险意识，业务办理和复核过程中注重流程的规范性，动态分析估值模型计算中所面临的财务风险。

任务实施

一、业务流程

企业招拍挂中的估值数据复核与分析业务流程如图 10 – 3 所示。

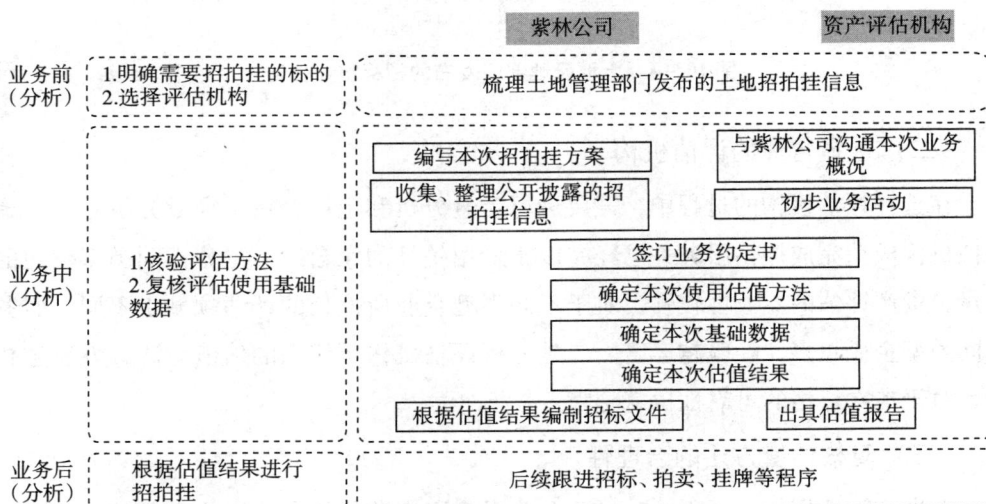

图 10 – 3   企业招拍挂中的估值数据复核与分析业务流程

二、业务操作

（一）明确需要招拍挂的标的

梳理土地管理部门发布的土地招拍挂信息，根据公司发展需求筛选出需要进行评估的土地资产。在此过程中，企业首先要根据《中华人民共和国土地管理法》《中华人民共和国招标投标法》等的规定，评估公司是否满足对投标人的各项指标要求，评估招拍挂是否符合我国法律法规的要求。

如企业经过初步筛选，紫林公司初步确认收购标的，土地管理部门发布的招标出让公告如图 10－4 所示。

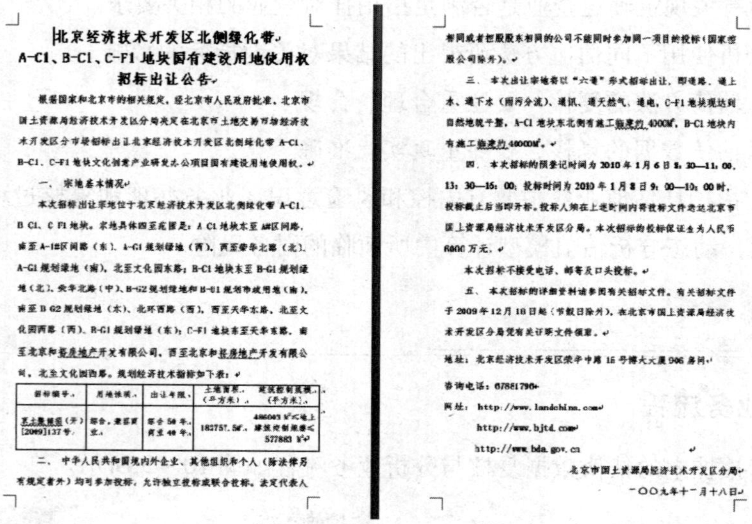

北京经济技术开发区北侧绿化带
A-C1、B-C1、C-F1 地块国有建设用地使用权
招标出让公告

根据国家和北京市的相关规定，经北京市人民政府批准，北京市国土资源局经济技术开发区分局决定在北京市土地交易市场经济技术开发区分市场招标出让北京经济技术开发区北侧绿化带 A-C1、B-C1、C-F1 地块文化创意产业研发办公项目国有建设用地使用权。

一、宗地基本情况

本次招标出让宗地位于北京经济技术开发区北侧绿化带 A-C1、B-C1、C-F1 地块。宗地具体四至范围是：A-C1 地块东至 A#区间路，南至 A-1#区间路（东）、A-G1 规划绿地（西），西至荣华北路（北）、A-G1 规划绿地（南），北至文化园东路；B-C1 地块东至 B-G1 规划绿地（北）、荣华北路（中）、B-G2 规划绿地和 B-U1 规划市政用地（南），南至 B-G2 规划绿地（东）、北环西路（西），西至天华东路，北至文化园西路（西）、B-G1 规划绿地（东）；C-F1 地块东至天华东路，南至北京和裕房地产开发有限公司，西至北京和裕房地产开发有限公司，北至文化园西路。规划经济技术指标如下表：

招标编号	用地性质	出让年限	土地面积（平方米）	建筑控制规模（平方米）
京土集招标（开）[2009]137 号	综合，兼容商业	综合 50 年，商业 40 年	182757.5㎡	486003 ㎡<地上建筑控制规模<577883 ㎡

二、中华人民共和国境内外企业、其他组织和个人（除法律另有规定者外）均可参加投标，允许独立投标或联合投标。法定代表人相同或者控股股东相同的公司不能同时参加同一项目的投标（国家控股公司除外）。

三、本次出让宗地将以“六通”形式招标出让，即通路、通上水、通下水（雨污分流）、通讯、通天然气、通电，C-F1 地块现达到自然地貌平整，A-C1 地块东北侧有施工临建约 4000㎡，B-C1 地块内有施工临建约 40000㎡。

四、本次招标的预登记时间为 2010 年 1 月 6 日 8：30—11：00，13：30—15：00；投标时间为 2010 年 1 月 8 日 9：00—10：00 时，投标截止后当即开标。投标人须在上述时间内将投标文件送达北京市国土资源局经济技术开发区分局。本次招标的投标保证金为人民币 6000 万元。

本次招标不接受电话、邮寄及口头投标。

五、本次招标的详细资料请参阅有关招标文件。有关招标文件于 2009 年 12 月 18 日起（节假日除外），在北京市国土资源局经济技术开发区分局凭有关证明文件领取。

地址：北京经济技术开发区荣华中路 15 号博大大厦 906 房间

咨询电话：67881790

网址：http://www.landchina.com

http://www.bjtd.com

http://www.bda.gov.cn

北京市国土资源局经济技术开发区分局

二〇〇九年十一月十八日

图 10－4　土地管理部门发布的招标出让公告

（二）选择合适的评估机构

在选择评估机构的过程中，需要进行定量分析和定性分析。定量分析主要考虑评估机构成功完成评估服务并已经完成土地招拍挂的家数，一是分析同类型公司的数量，资产评估的专业性较强，对于不同类型企业所擅长的评估领域也不同，服务过同类型企业越多，经验越丰富。二是分析评估机构所使用的估值方法，方法越相近，对于本次评估的可靠性也就越强。

（三）复核估值方法的合理性

在进行土地招拍挂过程中，对于企业现有资产的估值方法往往不是唯一的，我们需要定性地分析资产是否存在活跃的市场价格，是否能够计算出可靠的未来现金流入等情况，从而根据资产的特征复核估值报告中所运用的估值方法是否能够反映出资产的公允性和准确性。

（四）复核评估使用的基础数据

在确定了招拍挂中使用的评估方法后，还应当复核使用该方法进行估值时所使用的基础数据是否符合评估的要求，对于未来现金流量预测数值需要按照市场行情进行定量分析，充分考虑土地使用权摊销抵税等因素。

（五）根据估值结果准备投标文件

投标文件一般包含三部分，即资信部分、商务部分、技术部分。

资信部分包括公司资质、公司情况介绍等一系列内容，同时也是招标文件要求提供的其他文件等相关内容，包括公司的业绩和各种证件、报告等。

商务部分包括投标报价说明、投标总价、主要材料价格表和合同条件等。

技术部分包括：工程的描述、设计和施工方案等技术方案，工程量清单、人员配置、图纸、表格等和技术相关的资料。

紫林公司根据拟竞拍土地的估值数据以及土地的使用目的，测算出本次招拍挂能够给紫林公司带来的经济利益，从而确定本次竞拍能够给出的最高价、最低价以及中间价，紫林公司综合评估绿森公司的公允价值及土地的使用价值后拟订竞拍方案。

任务评价

企业招拍挂中的估值数据复核与分析评价见表 10 - 12。

表 10 - 12 企业招拍挂中的估值数据复核与分析评价

编号	任务名称	分值	正确率/%	得分
1	复核估值使用数据的可靠性	25		
2	分析招拍挂的要求	25		
3	分析参与招拍挂企业的基本信息	25		
4	根据土地评估价格确定拍卖出价	25		
	合计	100		

项目小结

本项目主要包括企业改制重组中的估值数据复核与分析、企业并购重组中的估值数据复核与分析、企业招拍挂中的估值数据复核与分析三个任务，各任务主要介绍了企业资产数据的核验、分析与其具体操作流程等相关知识。通过对企业资产估值数据的核验与分析，可以帮助企业投资者、管理者和其他利益相关者更好地了解企业价值，并作出明智的决策。

项目训练

公司股权转让信息披露。

【任务背景】

经过几轮磋商后，祺祥公司找到几家合适的风险投资机构。为使交易更合理，祺祥公司的股东决定转让祺祥公司 10% 的股权，并将股权转让信息发布到北京产权交易所。现在祺祥公司以 2019 年度审计报告、财务报表、评估报告、法律意见书等材料填写产权转让信息发布申请书。

【业务资料】

1. 祺祥公司属于汽车零配件制造行业的中型企业，注册资本没有国有资本或外国资本，职工人数为 1 300 人。

2. 祺祥公司不含国有划拨土地，不涉及职工安置。本次股权转让没有导致标的企业的实际控股权发生转移，且原始股东放弃行使优先受让权。

3. 祺祥公司营业执照如图 10 - 5 所示。

图 10 - 5　祺祥公司营业执照

4. 股东出资情况见表 10 – 13。

表 10 – 13 股东出资情况

股东姓名	出资金额/万元
王祺祥	2 000
刘宝	1 000
齐飞	500
王杰	100
张程	100
李娟	100

5. 祺祥公司审计报告及评估报告已发送至估值应用系统。本次评估无须备案。

6. 出具法律意见书的律师事务所为德恒律师事务所。

7. 本次产权转让不涉及审计报告和评估报告中的保留意见、重要揭示、特别事项说明中涉及转让产权的提示提醒等内容；不涉及重大债权、债务事项；不涉及其他披露内容；不涉及企业管理层参与受让；不涉及经纪责任审计；不涉及改变标的企业主营业务；不涉及对标的企业进行重大重组；不涉及受让目的及相关后续计划。

【任务要求】

1. 单击【摩估云】进入智能估值数据应用系统，在首页单击【附件下载】找到相应的资产评估报告。阅读该评估报告，确定填写产权转让信息发布申请书的相关信息。

2. 单击页面左侧【数据摘录（企业）】【产权转让信息发布申请书】进入信息发布申请书系统，根据业务资料及相关内容完成产权转让信息发布申请书的"一、标的企业简况"内容的填写。

【注意】

日期格式均为"YYYY 年 MM 月 DD 日"，如"2020 年 01 月 01 日"。无须填写的地方或不涉及的事项均填写"无"。

参 考 文 献

[1]宜国萍. 资产评估实务[M]. 上海:立信会计出版社,2021.

[2]王丽南,王艺霖,李娜. 资产评估[M]. 2版. 北京:高等教育出版社,2021.

[3]管伟,王宏伟,仲岩. 资产评估[M]. 2版. 北京:高等教育出版社,2016.

[4]郭化林. 中外资产评估准则[M]. 北京:高等教育出版社,2015.

[5]徐丹丹. 金融资产评估[M]. 北京:高等教育出版社,2020.

[6]汪潮林. "1+X"制度与高职资产评估专业融合研究——以中联"1+X智能估值"证书为例[J]. 才智,2022(30):98-101.

[7]詹荣花,黄爱玲,肖龙. 新财会智能估值复合人才培养实践——"1+X"试点背景下能力成熟度视角分析[J]. 武夷学院学报,2022,41(9):100-109.

[8]袁媛. 基于1+X证书的智能估值课程群课程思政建设路径[J]. 中国多媒体与网络教学学报(中旬刊),2021(11):117-119.

教师服务

　　感谢您选用清华大学出版社的教材！为了更好地服务教学，我们为授课教师提供本书的教学辅助资源，以及本学科重点教材信息。请您扫码获取。

≫ 教辅获取

本书教辅资源，授课教师扫码获取

≫ 样书赠送

财政与金融类重点教材，教师扫码获取样书

清华大学出版社

E-mail: tupfuwu@163.com
电话：010-83470332 / 83470142
地址：北京市海淀区双清路学研大厦 B 座 509

网址：https://www.tup.com.cn/
传真：8610-83470107
邮编：100084